왕초보 한문 박사 되다

김형중 지음

왕초보 한문 박사 되다

민족사

머리말

'불교한문' 교재는 우리 불교계의 오랜 소망이고 염원이다. 강원(講院)에서도 일반 불자들도 경전을 공부하는 데 기초를 다져주고 공부하는 길을 안내해 주는 길라잡이 안내서가 필요하다. 공부하는 사람에게 좋은 책을 만나는 것은 좋은 스승을 만나는 만큼 중요한 일이다.

불교경전은 거의 한문으로 되어 있다. 인도 범어로 된 불교경전이 중국에 전해져서 천년 동안 한문으로 번역되었고, 또 그 책이 처음으로 신라 진흥왕 26년(565년) 진(陳)의 사신 류사(劉思)와 승(僧) 명관(明觀)이 경론 1,700여 권을 가져왔다고 전한다. 중국에서 전래된 대장경을 고려 때에는 팔만대장경으로 편집하고 판각되어 현재 해인사에 보존되어 있고, 동북아 한문문화권의 대표적인 한문대장경 기록물로 인정되어 유네스코 세계기록문화유산으로 지정되었다.

옛날이나 지금이나 한문으로 된 경전은 처음부터 지식인의 전유물이 될 수밖에 없었다. 세종대왕이 한글을 창제한 후 불경언해를 시작으로, 일제강점기 때 기독교 성경의 한글 번역에 눈을 뜬 백용성, 안진호, 용담, 운허스님 등에 의해서 불경의 한글 번역이 이루어졌다가 해방 후 운허, 월운스님의 원력으로 동국역경원이 생겨서 현재 318권의 한글대장경이 완간되었다.

한글대장경이 완성되어서 빨래판 대장경판이라는 문맹(文盲)의 비난은 면했지만, 번역이 미숙하고 오류도 있어서 한문 원전을 공부할 필요가 있는 것이 사실이다. 한문문화권에서 형성된 불교교리나 불교용어가 모두 한자어로 번역되어 사용하고 있기 때문에 불교 공부를 하려면 어느 정도의 기초적 한자와 한문 공부가 선행되지 않으면 안 된다.

필자도 동국대학교 불교대학 생활의 대부분을 한자와 한문 공부와 씨름했다. 그 이삭으로 1992년 《한글세대를 위한 한자 공부》란 한자공부 교재를 편찬했다. 한자의 제자 원리인 육서(六書)의 원리에 의해 4,190자를 설문해자 한 책인데 당시 '좋은 책 30선'에 선정되어 지금까지 시판되고 있다. 그 후 불교책 10권을 써오면서, 《불교천자문》을 만들어야겠다는 목표를 세우고 경전이나 조사어록에서 사구게나 명구를 찾아 모으는 일에 재미를 붙였다. 그러나 4자·8자 2구를 모아 글자가 겹치지 않게 1,000자를 만드는 불사(佛事)는 간단한 일이 아니다. 이런 일로 고심하던 차에 민족사 윤창화 선생님을 만났다. 미디어붓다에서 연재하는 '선시 명품 100선'을 잘 읽고 있다면서 《왕초보 한문 박사 되다》의 집필을 의뢰하였다. 아직까지 출간되지 않은 분야이므로 꼭 필요하고 의미가 있는 책이라고 부추겨서 제 주제도 잊고 엉겁결에 승낙을 해 버렸다. 그렇게 해서 이 책을 쓰게 된 것이다.

한문 불교경전을 읽기 위해서는 선행되어야 할 조건이 있다. 이 책 또한 이 점에 신경을 쓰고 집필하였다.

첫째로 한자를 필수적으로 학습해야 한다. 원문이 한자로 돼 있고, 불교용어가 한자어로 되어 있음으로 한자를 어느 정도 습득하면 쉽게 이해가 되고 자신감이 생긴다. 한자는 획수가 많아 쓰기가 어렵고 글자 수가 많아서 습득하기 어려운 단점이 있으나, 뜻글자이므로 상징성, 이해성, 상관성, 응용성, 시각력과 조어력(造語力)이 있는 장점이 있음으로 한 번 습득만 하면 다른 단어와 연관이 쉽게 연결되어 하나를 알면 열을 알 수 있다.

둘째는 기초적인 한자어의 구성, 한문 문장의 구조, 한문의 문형(文型) 그리고 한자어의 품사, 허사(虛辭) 등에 대한 이해가 있어야 한다. 특히나 조사(접속사, 종결사, 부정사, 의문사 등)에 대한 이해가 필요하다. 기초적인 한문문법이 필요하다는 뜻이다. 원래 문법 공부는 복잡하고 짜증나는 공부이다. 그러나 글의 규칙이기 때문에 한 번 익혀 놓으면 쉽게 문장의 뜻을 이해할 수 있다.

셋째는 불교교리와 불교용어에 대한 정확한 이해가 있어야 한다. 불교교리나 용어를 알고 경전이나 조사어록을 보면 뜻이 훨씬 쉽게 파악된다. 불교교리나 불교용어를 공부하는 것은 불교를 공부하는 사람에게는 필수적이고 기본적으로 학습되어야 할 내용이라고 생각한다.

넷째는 불교경전은 너무나 방대하기 때문에 하나로 요약된 통일경전이 필요한데 아직 우리에게는 그런 책이 없다. 따라서 자주 독송되거나 쉽게 이해되는 경전이나 고승의 어록을 반복해서 독송하고 또 그것을 교재로 한문 원문으로 공부하면 이해가 쉽게 된다.

이 책을 집필할 때 다음과 같은 몇 가지 사항을 염두에 두었다.

첫째, 한글세대를 위한 왕초보 불자에게 보기 쉽고, 알기 쉽게 읽히는 책이 되도록 하는 바람을 가지고 누구에게도 쉬운 책이 되도록 구상하였다.

둘째는 경전의 원문을 선택하는 문제가 가장 큰 고심이었다. 부처님이 설하신 경전의 바다(敎海)는 넓고, 조사가 깨달은 선림(禪林)의 숲은 깊어서 어느 경전과 어록을 얼마만큼 골라서 선택하여 어떤 형태로 설명해야 하느냐 하는 문제가 처음부터 대두되었다. 처음에는 질서 없이 주제와 상관없이 긴 문장이나 짧은 문장을 가리지 않고 집필해 나가다가 다시 주제를 정해서 책의 형태와 체제를 만들어 나가는 작업을 했다. 이런 책이 처음 출간되므로 책을 집필하는 데 모델이 되는 책이 없음으로 시행착오로 많은 시간과 방황이 있을 수 밖에 없고 그만큼 힘이 들 수밖에 없었다.

1장에서는 불교를 공부하는 사람이 제일 먼저 알아야 할 부처님의 탄생과 찬탄의 글을 소개하였고, 2장에서는 대승경전, 3장에서는 조사어록 그리고 4장에서는 화두 공안, 5장에서는 선시게송을 소개했다. 대표적인 경전과 어록을 골라 그 경전의 내용을 나타내는 문장을 골라 한문 원문(전문)으로 삼았기 때문에 한문 전문의 내용이 생소하거나 싫증나지 않고 친근감이 있으리라 생각된다. 또한 전문의 출처와 전거를 정확하게 제시하였다.

한문의 꽃은 시문학이다. 이 책이 불교한문 책으로 딱딱한 느낌에서 벗어나 선사의 깨달음에서 빚어진 언어의 사리(舍利)라 할 수 있는 명품 선시를 소개함으로써 독자에게 여유와 낭만 그리고 즐거움을 갖도록 하기 위하여 5장에 선시게송을 삽입하게 되었다.

셋째는 '새로나온 한자'에서 한문 전문에 나타난 한자를 하나하나 친절하게 원문의 뜻에 적합한 뜻부터 먼저 새겨서 문장을 이해하는 데 도움이 되도록 하였다. 대신 중복된 한자는 앞에서 소개하였으므로 지면상의 이유로 처음 나올 때만 설명하였다. 원래 한문 실력은 한자 실력이란 말이 있다. 한자가 뜻글자이므로 한자만 알면 뜻은 어지간하면 자동으로 통한다는 것이다. 한자는 뜻이 여러 가지가 있는 다의(多義)문자이기 때문에 쉬운 글자라고 깔보면 안 된다.

넷째는 내용을 이해하는 데 도움이 되도록 '인물소개', '경전소개', '불교용어' 등의 항목을 만들어 초심자라도 따로 보충교재가 필요하지 않도록 충분히 친절하게 설명을 하였다.

다섯째는 '한문문법'의 항목을 두어 한문경전을 문법적으로 이해하는 데 도움이 되도록 하였다. 이 부분이 지나치게 부각되면 독자에게 부담스러운 책이 될 것 같고, 그렇다고 소홀히 할 수도 없는 부분이었다.

필자는 본디 미련하고 재주가 없다. 그러나 복이 많아서 최고의 선지식을 모시고 공부하는 행운을 얻었다. 지관큰스님께 5년 동안 금석문과 《전등록》, 《현담》 등을 공부했다.

목정배 은사님은 불교진흥원에서 《청소년불교성전》을 편찬할 때 필자를 '깨달음의 세계(원효, 의상, 지눌, 서산대사)' 부분을 집필하도록 위촉해서 우리나라 고승의 문집과 어록을 공부하는 기회를 얻었다.

동산불교대학 불교한문학과에서 《선가귀감》, 《신심명》을 강의하였고, 강의 내용을 모두 원고화하는 성과를 해냈다. 송월주 총무원장님의 배려로 영화사 전법회 지도법사를 삼 년 동안 하면서 《진심직설》, 《육조법보단경》 등을 강의하였다.

동방대학원 대학교 불교문예학과에서 박사과정 학생을 지도하면서 선시문학과 중국 역대 조사들의 어록과 한국의 고승들의 문집과 어록을 강의하였다. 이 자리를 통해서 정상옥 총장님께 감사드린다. 그동안 필자에게 한문과 한시를 가르쳐 주신 우리 동악(東岳)의 석전 이병주 은사님, 소석 이종찬 은사님과 모교 중국 연변대학교 고 정판룡 총장님, 허룡구 교수님과 김병민 총장님, 김호웅 은사님께 감사 인사를 드린다. 불교문학 선시를 공부하는 데 있어서 격려해 주신 무산 조오현스님과 모교 동국대학교 정련 이사장님, 일면큰스님, 종면큰스님께도 감사드린다.

민족사 가족 모두와 윤창화 사장님과 정영옥 선생님과 김웅 선생님께 고개 숙여 감사드린다. 이 책의 타이핑과 그 외 필요한 모든 자료를 찾아서 윤문하고 편집 정리해 준 두 아들 김문수와 김지수가 도와주지 않았으면 올해에 출간되지 못했을 것이다. 이 책으로 필자에게 부처님의 공덕이 있다면 온전히 돌아가신 아버님 영전에 바치고 싶다. 이 책을 읽는 모든 분들에게 부처님의 가피와 행운이 있기를 기원한다.

2012년 9월

동대부여중 법사실에서 김형중 쓰다

차례

머리말 5

1장. 찬불예배

하늘 위 하늘 아래 오직 내가 홀로 존귀하다(天上天下唯我獨尊) 18 • 석가는 '능히 인자하심'의 뜻으로 성씨이다(釋迦此云能仁是姓) 23 • 예불하는 것은 부처의 덕을 공경하는 것이다(禮佛者敬佛之德也) 27 • 하늘 위나 하늘 아래 부처님 같은 분 없네(天上天下無如佛) 33 • 부처님 같으신 분은 없다(無如佛者) 39 • 하늘 위 하늘 아래 최고이신 석가세존(天上天下金仙世尊) 44 • 사바가 고해라면 부처님은 항해사일세(佛爲海船師) 52 • 나는 훌륭한 의사와 같아서 병에 따라 약을 준다(我如良醫知病說藥) 57 • 때는 사월초파일이었다(時四月八日) 61 • 보살이 오른쪽 옆구리로 태어났네(菩薩右脇生) 65 • 부처님의 사리를 열어 여덟 몫으로 균등하게 나누다(則開佛舍利等分爲八分) 70

2장. 대승경전

금강경 이와 같이 내가 들었다(如是我聞) 76 • 아무런 집착도 없이 보시하라(無住相布施) 83 • 모든 것은 허망하다(凡所有相皆是虛妄) 86 • 겉모양에서 부처를 찾으면 여래를 보지 못한다(若以色見我不能見如來) 90 • 온갖 유위법은 꿈과 같고 그림자 같다(一切有爲法如夢幻泡影) 93 • 몸의 형상을 통해서 여래를 볼 수 없다(可以身相見如來不) 95 • **능엄경** 사위성의 기원정사(室羅筏城祇桓精舍) 98 • 여래께서 깨달음을 이루신 묘한 사마타(如來得成 菩提妙奢摩他) 101 • 상주하는 참마음의 자성이 청정한 당체를 알지 못함이다(不知常住眞心性淨當體) 105 • 도적을 아들로 잘못 알다(認賊爲子) 108 • **원각경** 사대를 잘못 알아 자기 몸이라 여기다(妄認四大 爲自身相) 110 • 눈병이 났을 때 허공에 꽃이 보인다(病目見空中華) 114 • 청정한 마니주(淸淨摩尼寶珠) 117 • 일단 금이 된 뒤에는 다시 되돌아가 광물이 되지 않는다(既已成金 不重爲鑛) 121 • **화엄경** 마음과 부처 그리고 중생 셋은 차별이 없다(心佛及衆生是三無差別) 124 • 하나는 능히 무량이 되고, 무량은 능히 하나가 된다(一能爲無量無量能爲一) 127 • 모든 것은 마음이 만든다(一切唯心造) 129 • 마음은 그림을 그리는 화가와 같다(心如工畵師) 132 • **유교경** 마지막 설법을 하여 수발타라를 제도하시다(最後說法度須跋陀羅) 134 • **법화경** 모든 존재는 본래부터 스스로 고요하고 청정한 모습을 갖추고 있다(諸法從本來常自寂滅相) 138

3장. 조사 어록

이입은 부처님의 가르침에 의해서 종지를 깨닫는 것을 말한다(理入者 謂藉敎悟宗) 142 • 전생의 원한에 보답하는 실천행(報冤行) 145 • 밖으로는 모든 인연을 쉬다(外息諸緣) 148 • 마음으로써 마음을 전하니 문자를 사용할 필요가 없다(以心傳心不立文字) 152 • 내 마음이 부처다

(自心是佛) 155 • 마음을 알아 성품을 보면 스스로 불도를 이룬다(識心見性自成佛道) 158 • 선지식의 지도를 받아서 그대로 성품을 보아라(善知識示導見性) 162 • 사람의 성품이 본래가 청정하다(人性本淨) 166 • 본래 마음을 알지 못하면 불법을 배워도 이로움이 없다(不識本心學法無益) 168 • 중생을 알면 능히 부처를 볼 수 있다(但識衆生卽能見佛) 170 • 불법은 세간에 있다(佛法在世間) 172 • 오직 마음을 관찰하는 하나의 법이 모든 법을 다 거두어 들인다(唯觀心一法總攝諸法) 174 • 마음이란 만법의 근본이다(心者萬法之根本) 177 • 중생의 몸 안에 금강 불성이 있다(衆生身中有金剛佛性) 180 • 벽돌을 갈아서 어찌 거울을 만들 수 있겠습니까(磨磚豈得成鏡) 185 • 마음 밖에 따로 부처가 없다(心外無別佛) 190 • 어떻게 도를 닦습니까(如何是修道) 192 • 도는 수행을 필요로 하지 않는다(道不用修) 195 • 재물은 사람의 마음을 어지럽힌다(金多亂人心) 199 • 물 긷고 나무 나르는 일이 바로 그것이네(運水與搬柴) 202 • 서강의 물을 한입에 모두 마시다(一口吸盡西江水) 205 • 힘줄도 없고 뼈도 없는 물이 만 섬이나 되는 배를 능히 뜨게 한다(女水無筋骨能勝萬斛舟) 207 • 무엇을 돈오라고 합니까(云何爲頓悟) 209 • 마음이 근본이다(心爲根本) 211 • 무심자는 일체의 마음이 없다(無心者無一切心也) 215

4장. 화두 공안

나무는 앙상한 모습을 드러내고 천지에 가을바람만 가득하지(體露金風) 222 • 마음을 가져 오너라. 그러면 너의 마음을 편안케 해주마(將心來與汝安) 225 • 네가 있었다면 고양이를 살릴 수 있었을 것이다(子若在卽救得猫兒) 229 • 마음이 곧 부처다(卽心卽佛) 234 • 뜰 앞의 잣나무이다(庭前柏樹子) 237

5장. 선 시 게 송

마음의 밭에 법비가 내리니 바로 깨달음의 꽃이 피네(法雨卽花生) 252 • 백발을 한탄하다(歎白髮) 258 • 여산의 안개비 절강의 용출하는 조수(廬山煙雨浙江潮) 263 • 달은 둥글어도 보름을 넘지 못하고(月圓不逾望) 268 • 만국의 도성이 개미집이네(萬國都城如蟻垤) 274 • 한 번 눈서리 찬 기운 뼛속까지 사무친 뒤에야(不是一番寒徹骨) 280 • 흰 구름 걷히면 청산인 것을(白雲斷處有靑山) 283

1
찬불예배

1

하늘 위 하늘 아래 오직 내가 홀로 존귀하다

天上天下 唯我獨尊

天上天下에서 唯我獨尊이다
천상천하   유아독존

三界皆苦니 我當安之하리라
삼계개고   아당안지

수행본기경 강신품

하늘 위 하늘 아래에서 내가 홀로 가장 존귀하다.
삼계의 모든 괴로움을 내가 다 해결하여 편안케 하리라.

새로운 한자

- 天上(천상) : 하늘 위. 우주
- 天下(천하) : 하늘 아래. 인간 세상
- 唯(유) : 오직. 사물의 정도 또는 분량을 한정하는 뜻을 나타내는 한정형 부사로 쓰임. 다만(오직) …일 뿐이다(따름이다)
- 我(아) : 나(1인칭 대명사)
- 獨(독) : 홀로
- 尊(존) : 존귀하다
- 界(계) : 경계. 세계
- 皆(개) : 모두. 다
- 苦(고) : 괴롭다. 쓰다
- 當(당) : 마땅히. 당연히
- 安(안) : 편안하다
- 之(지) : 가다. 하다

해설

이 게송은 석가모니부처님께서 이 세상에 탄생하시면서 최초로 말씀하신 성탄(聖誕) 게송이다. 석가모니부처님께서 룸비니 동산에서 태어나실 때 동서남북 사방으로 일곱 걸음을 걷고 나서 한 손은 하늘을 가리키고, 한 손은 땅을 가리키며 '천상천하 유아독존'이라고 하셨다고 하는데, 이 게송을 글자 그대로 해석하면 '하늘 위와 하늘 아래에서 오직 나만 홀로 존귀하다'는 뜻이다. 여기서 '유아독존'의 '아(我)'는 부처님 자신뿐만 아니라 모든 인간을 가리킨다.

고대 인도 힌두교에서는 브라흐만 신이 절대적이고 인간은 그의 노예에 불과하다는 생각이었다. 그러나 석존께서는 인간이 가장 위대하다는 것이다. 이는 '인간 선언'으로 모든 인간은 다 평등하고 존귀한 존재임을 밝힌 것이다.

이어 '삼계개고 아당안지'는 삼계 즉, 온 세상은 다 고통 속에 있다는 것이다. 부처님께서는 깨달으신 진리로 그 고통 속에 있는 중생을 모두 다 편안케 해주겠다는 '불교의 평화 선언'이다. 그래서 불교를 지혜의 종교이고, 자비의 종교라고 한다.

불교용어

• **三界**(삼계) : 생사가 쉴 새 없이 유전(流轉)하는 세계, 곧 중생이 살고 있는 이 미혹한 세계(迷界)를 셋으로 분류한 것이다.

① 욕계(欲界)는 탐욕이 왕성한 세계.

② 색계(色界)는 욕계와 같은 탐욕은 없으나 미묘(微妙)한 형체가 있는 세계.

③ 무색계(無色界)는 색계와 같은 미묘한 몸도 없고, 순 정신적인 존재의 세계.

한문문법

• **之**(지)

① 동사로서 '가다'의 뜻이 있다.

   예) 牛何之 : 소가 어디로 갑니까?

② 어기사(語氣詞)로서 구 끝에 쓰이며 兮(혜), 也(야), 矣(의) 등과 같은 뜻으로 쓰인다.

   예) 公出辱之 : 공께서 나갔다가 치욕을 받았다.

③ 조사로서 두 단어를 연결시키면서 '…의' 뜻을 나타낸다.

   예) 是誰之過與 : 이것은 누구의 과실입니까?《논어》

④ 대명사로서 제3인칭(사람·사물을 대신할 수 있음)을 나타내고, '그(들)', '그녀(들)', '그것(들)'이라고 해석한다.

예 欲立之 : 그를 세우려고(삼으려고) 했다.

⑤ 명사 뒤에 쓰이면 이 명사는 동사 같이 쓰여 빈어(賓語)가 된다.

예 吾從而師之 : 나는 그를 쫓아서 스승으로 삼겠다.

경전한문의 이해

불교한문을 독해하는 데 있어서 가장 먼저 염두에 둘 것은 구(句)와 문(文)의 구성(構成)을 살펴야 한다.

① 한문의 구는 四字句(사자구)와 六字句(육자구)로 구성되어 있다. 주로 문장이 4자, 6자로 구성되어 있는 것을 말하는데, 이것은 육조(六朝:吳·東晋·宋·齊·梁·陳)시대에 4·6 병려체 문장이 유행했기 때문인데, 이후 한 구에서 4자구와 6자구를 많이 쓰게 되었다.

한자의 구법(句法)으로서는 4자구가 기반을 이루고 있고, 5자 이상의 것도 부사·조동사·전치사·후치사·접속사 등을 제거하고 나면 4자구가 되는 것이 많다.

예 如是我聞 : 이와 같이 나는 들었다.

  世尊成道已 作是思惟 離欲寂靜 是最爲勝 : 세존께서 성도를 이루신 뒤 이렇게 사유하셨다. 욕심을 떠나 고요함이 가장 빼어난 일이다. 《사십이장경》

  → 4자로 문장이 구성되어 있고, 4자가 아닌 것은 世尊成道已이다. 그런데 여기서도 어조사인 已자를 빼고 나면 4자이다.

② 한문에서 가장 현저한 수사법(修辭法)은 대어(對語)·대구(對句)이다. 대어란 동성질(同性質)의 어(語) 혹은 이성질(異性質)의 어가 대립해 있는 것을 말하고, 대구란 동일 어구(語句)나 성질이 다른 어구가 대립해

있는 것을 말한다. 대구에는 반드시 몇 개의 대어가 있기 마련이므로 문장을 분석할 때 대구에 주의해서 문맥을 정리하고 뜻을 파악하는 것이 좋다. 대구와 같이 동일 표현 형식의 구법(句法)에 의하여 서로 대(對)가 되어 있는 것을 대우법(對偶法)이라고 한다.

예) 水也僧眼碧　　　　　　　물은 스님의 푸른 눈과 같고
　　　山也佛頭靑　　　　　　　산은 부처님의 푸른 머리일세.
　　　月也一心印　　　　　　　달은 변치 않는 한마음이고
　　　雲也萬卷經　　　　　　　구름은 만 권의 대장경일세.

《청허당집 권1. 사야정(四也亭)》

→ 물과 산, 스님과 부처님, 눈과 머리, 달과 구름, 한마음과 만 권의 대장경이 대어·대구를 이루고 있다.

2. 釋迦 此云 能仁 是姓

석가는 '능히 인자하심'의 뜻으로 성씨이다

釋迦는 此云하면 能仁으로 是姓이고
석가   차운   능인   시성

牟尼는 此云하면 寂默으로 其號也이다
모니   차운   적묵   기호야

석가여래행적송

석가는 여기 말(중국어)로 의역하면

'능히 인자하시다'는 뜻인데 이것은 성씨이고,

모니는 여기 말로 하면

'고요하고 말이 없음'이니 이는 이름이다.

새로운 한자

- 釋(석) : 풀다. 풀어내다
- 迦(가) : 막다. 차단하다. 범어의 '가'음을 나타내는 차자(借字).
- 云(운) : 이르다. 말하다. 가로되. 어조사. 발어사
- 仁(인) : 어질다. 인자하다
- 是(시) : 옳다. 바르다. 이. 이것. 여기(此). …이다
- 姓(성) : 성씨
- 牟(모) : 소가 우는 소리
- 尼(니) : 여승. 비구니
- 牟尼(모니) : 침묵하다. '성자(聖者)'의 뜻
- 寂(적) : 고요하다. 평온함. 멸(滅)
- 默(묵) : 말하지 않다. 고요하다
- 號(호) : 부르짖다. 부르다. 이름. 명호(名號). 통칭(通稱) 이외의 이름

해설

석가모니는 범어 샤카무니(Śākyamuni)의 음역이다. 석가족의 성자라는 뜻이다. 당시 중국에서는 한자로 '능인 적묵(能仁寂默)'이라고 번역했는데, 이는 자비와 열반을 뜻한다.

한문문법

• 也(야)

① 한 문장을 매듭짓는 종결사(終結詞)로 문장의 끝에 붙으며, '…이다', '하다' 등으로 번역하는데 단정 혹은 결정을 나타낸다.

  예 優之言是也 : 언(優)의 말이 옳다.

② 어조사로 의문·반어·영탄·강조·부름 또는 어조(語調)를 고르기 위해 사용된다. 어조사 耳(이)·兮(혜)·焉(언)·矣(의)의 뜻으로 쓰인다.

• '말하다'의 뜻을 나타내는 동사

① 云(운) : 曰(왈)보다 약간 가볍고 문장의 끝에 써서 과거를 표현한다.

② 曰(왈) : 남의 말을 직접 옮길 때 쓴다.

③ 言(언) : 심중의 생각을 입으로 말하다.

④ 謂(위) : 사람에 대해 말한다. 또는 사람을 평하여 말할 때에도 쓰인다.

⑤ 道(도) : 맘먹은 것을 다 말하고 또 말을 가지고 창도(唱導)하는 뜻에 쓰인다. 거의 言과 같다.

경전한문의 이해

• **한자어의 구성**

예전의 한문은 주로 단자(單子 : 낱글자)로 이루어졌지만 생활이 발전하고 사상이 복잡해짐에 따라 보다 다양한 어휘가 필요하게 되었다. 그래서 두 단자 이상의 결합으로 구성된 한자어가 많이 생겨났다. 이러한 한자어는 일정한 구성 원리에 의해서 만들어진다. 그러므로 한자어의 구성 원리에 대한 기초 지식이 있으면 잘 모르는 한자어도 이를 근거로 응용하여 그 뜻을 쉽게 이해할 수 있다.

1) 주술관계(主述關係 : 주어+서술어, 국어의 어순과 같다)

- 예) 日沒 : 해가 지다.   人沒 : 사람이 죽다.
  心寂 : 마음이 고요하다.   心淸 : 마음이 깨끗하다.

2) 술목관계(述目關係 : 서술어+목적어)

- 예) 懷古 : 옛일을 생각하다.   讀書 : 책을 읽다.
  奉道 : 도를 받들다.   持戒 : 계율을 지니다.

3) 술보관계(述補關係 : 서술어+보어)

- 예) 有益 : 이로움이 있다.   登山 : 산에 오르다.

有爲 : 행함에 있다.　　　　　無爲 : 행함이 없다.

4) 수식관계(修飾關係 : 수식어+피수식어)

① 형용사+명사

- **예** 大海 : 큰 바다　　　　大師 : 큰 스승(스님)
  寒山 : 차가운 산　　　　落花 : 떨어진 꽃

② 부사+형용사

- **예** 甚大 : 매우 크다.　　　　最大 : 최고로 크다.
  至高 : 지극히 높다.　　　至大 : 지극히 크다.

③ 부사+동사

- **예** 雲集 : 구름처럼 모이다.　　善逝 : 잘 가다, 여래 10호 중의 하나.
  頓悟 : 갑자기(단번에) 깨닫다.　漸修 : 점점 닦는다.

5) 병렬관계(竝列關係)

① 대등관계(對等關係 : 뜻이 서로 대등한 한자가 모인 구조)

- **예** 忠孝 : 충성과 효도　　　兄弟 : 형과 아우
  龍虎 : 용과 호랑이　　　佛祖 : 부처님과 조사

② 대립관계(對立關係 : 뜻이 서로 대립되는 한자가 모인 구조)

- **예** 喜怒 : 기쁨과 슬픔　　　師弟 : 스승과 제자
  天地 : 하늘과 땅　　　　愛憎 : 사랑과 미움

③ 유사관계(類似關係 : 뜻이 서로 비슷한 한자가 모인 구조)

- **예** 忍耐 : 참고 견딤　　　　存在 : 있음
  覺悟 : 깨달음　　　　　　悟入 : 깨달음의 세계로 들어감

3. 禮佛者 敬佛之德也

예불하는 것은 부처의 덕을 공경하는 것이다

禮佛者는 敬佛之德也이요 念佛者는 感佛之恩也이요 持戒者는 行佛之行也이요 看經者는 明佛之理也이요 坐禪者는 達佛之境也이요 參禪者는 合佛之心也이요 得悟者는 證佛之道也이요 說法者는 滿佛之願也이다

치문경훈

부처님께 예를 올리는 것은 부처님의 공덕을 공경하는 것이요, 염불하는 것은 부처님 은혜에 감사하는 것이요, 계율을 지키는 것은 부처님의 행위를 따라 행하는 것이요, 경전을 보는 것은 부처님의 이치를 밝히는 것이요, 앉아서 선을 닦는 것은 부처님의 경계에 도달하는 것이요, 선을 참구하는 것은 부처님의 마음에 합일하는 것이요, 깨달음을 얻는 것은 부처님의 도를 체득하는 것이요, 설법하는 것은 부처님의 바람을 원만하게 하는 것이다.

새로운 한자

- 之(지) : ① …의(관형격 조사). ② …에서(전치사) ③ 가다. 이것(지시대명사)
- 禮(례) : 예절. 예도. 사람이 행해야 할 중요한 도리
- 敬(경) : 공경하다
- 德(덕) : 공정하고 포용성 있는 마음, 또는 품성
- 感(감) : 감사하다
- 恩(은) : 은혜
- 持(지) : 지니다. 가지다
- 看(간) : 보다
- 經(경) : 경전. 책 가운데도 성인의 말씀을 기록한 책은 경(經), 다음으로 서(書)·전(典) 등이 있다.
- 理(이) : 이치. 원리. 법칙
- 達(달) : 도달하다. 이르다. 통달하다
- 境(경) : 경계. 지경. 경지
- 參(참) : ① 셋 ② 헤아리다. 비교하다. 살피다 ③ 간여하다. 관계하다
- 得(득) : 얻다
- 悟(오) : 깨닫다
- 證(증) : ① 증거. 증명하다. ② 깨닫다. 깨달음
- 說(설) : 말씀. 말. 언설(言說). 가르침
- 滿(만) : 차다. 가득하다. 넉넉하다. 풍족하다
- 願(원) : 바라는 것. 바란다는 뜻으로, 바라는 것을 결정코 얻으려는 힘

해설

이 글은 영명 연수선사가 지은 〈팔일성해탈문〉에 있는 내용으로《치문경훈(緇門警訓)》에 수록되어 있다.《치문경훈》은 줄여서《치문》이라고도 한다.

불교용어

- **佛**(불) : 불타(佛陀)는 산스크리트어 Buddha(붓다)의 음역으로 '진리를 깨달은 사람'이라는 뜻이다. 의역하면 각자(覺者)이고, 우리말로는

'부처'이다.
- **禮拜**(예배) : 공경하는 뜻을 몸으로 표현하는 형식. 합장 공경하고, 불보살 전에 경건하게 절하는 것.
- **禮佛**(예불) : 부처에게 경배하는 것.
- **持戒**(지계) : 계율을 수계(受戒)하고 잘 지킴.
- **念佛**(염불) : 부처님의 상호를 관찰하면서 그 공덕을 생각한다.
- **看經**(간경) : 경전을 소리 없이 읽는 것. 경전을 보는 공부.
- **坐禪**(좌선) : 선종의 수행법으로 坐(좌)는 '정려(靜慮 : 고요히 생각함 즉 명상)'라고도 번역한다. 본래 불교의 근본 수행법인 3학(三學 : 계율·선정·지혜) 중의 하나로써, 특히 선종에서는 불교의 목적인 깨달음이 선정으로만 이루어진다고 주장한다.
- **參禪**(참선) : 선법을 참구(參究)함. 스스로 좌선하거나, 또는 자기가 모범으로 앙모하는 선지식에게 가서 선을 참학(參學)하는 것.
- **說法**(설법) : 부처님의 교법(敎法)을 남에게 가르침·설교·설법하는 사람을 법사(法師)라고 한다.
- **戒**(계) : 삼학(계·정·혜)의 하나. 불교 도덕의 총칭으로 불제자가 지켜야 할 규율로 계와 율이 있다.
- **法**(법) : ① 불교의 진리 ② 부처님의 가르침 ③ 경전 ④ 규범(계율) ⑤ 존재·사물 ⑥ 물질과 정신의 온갖 것 그 밖에 규율·헌법·법률 등의 뜻도 있다.

한문문법

- **者**(자)

  ① 조사로서 어떤 단어의 뒤에 놓여 '者'자 결구를 만드는데 그 성질은 명사에 상당하고, '…하는 사람(사물·일)'이라고 해석한다.

  예 禮佛者 敬佛之德也 : 예불이라는 것은 부처님의 공덕을 공경하는 것이다.

  ② 대사(代詞)로서 之와 통하고 제3인칭을 나타내며 목적어가 된다. '그(들)', '그것(들)'이라고 해석한다.

  예 不有居者 誰守社稷 : 남아 있는 사람이 없으면 누가 국가를 지킵니까?《좌전》

  ③ 놈. 사람.   ④ 것(물건·일을 가리켜 이른다).
  ⑤ 곳.   ⑥ …라고 하는 것은. …은(차별의 조사).
  ⑦ …면(순접의 조사).
  ⑧ 동사·형용사 등을 명사로 바꾸는 조사.

경전한문의 이해

- **문장의 구조**

  영어의 문장 형식과 비슷하다. 모든 한문의 기본 문형은 특수한 경우를 제외하고 주어와 서술어로 구성되어 있다. 한 문장을 구성하는 기본 요소가 주어·서술어·목적어·보어 등 주요 성분만으로 구성된 문장을 기본구조라 하며 이것은 네 가지로 나뉜다.

1) 주 · 술 구조(主述構造 : 주어+서술어)

서술어는 동사 · 명사 · 형용사 세 가지만 쓰인다.

① 주어+서술어[동사] : …이 …하다(문장의 가장 기본적인 형태이다).

예 春+來 : 봄이 오다.　　　　　花+開 : 꽃이 피다.
自性+悟 : 자성을 깨닫다.　　一心+不生 : 한 마음이 생겨나지 않는다.《증도가》

② 주어+서술어[명사] : …은 …이다(문장 끝에 也 · 矣 등의 허사를 붙여 어세를 약간 강하게 하기도 한다).

예 李舜臣+忠臣也 : 이순신은 충신이다.
業者+無明也 : 업이란 무명이다.《선가귀감》

③ 주어+서술어[형용사] : …이 어떠하다.

예 月+明 : 달이 밝다.
自性+淸淨 : 자성이 청정하다.《돈황본단경》
道場+淸淨無瑕穢 : 도량이 깨끗하여 더러운 것이 없다.《천수경》

2) 주 · 서 · 보 구조(主述補構造 : 주어+서술어+보어)

주어와 서술어만으로 뜻이 완전하지 않아 목적어와 보어를 필요로 한다. '무엇이 어찌하다 무엇에', '무엇이 어떠하다 무엇보다'의 뜻이다. 해석은 '주어+보어+서술어' 순서이다.

예 靑+出+於藍 : 청색은 남초(쪽)에서 나온다.
我+是+學生 : 나는 학생이다.
如來+說+名實相 : 여래께서 실상이라고 설하셨다.
慧能+住+於曹溪 : 혜능대사가 조계에서 주석하셨다.

3) 주·술·목 구조(主述目構造 : 주어+서술어+목적어)

'무엇이 어찌하다 무엇을'이라는 뜻이다.

- **예** 智者+樂+水 : 지혜로운 사람은 물을 좋아한다.
  吾+尋+牛 : 나는 소를 찾는다.《십우도》
  吾+見+牛跡 : 나는 소의 발자취를 보았다.
  吾+牧+牛 : 나는 소를 먹인다.

4) 주·술·목·보 구조(主述目補構造 : 주어+서술어+목적어+보어)

뜻을 명확히 하기 위해 목적어와 함께 보어가 쓰인다. '무엇이 어찌하다 무엇을 무엇에게', '무엇이 어찌하다 무엇을 어떠하게'로 구성되어 있다.

- **예** 孔子+問+禮+於老子 : 공자가 예를 노자에게 물었다.
  王+敎+稼+於民 : 왕이 농사를 백성에게 가르친다.

5) 주·서·보·목 구조(主述補目構造 : 주어+서술어+보어+목적어)

'무엇이 어찌하다 무엇에게 무엇을'이라는 뜻이다.

- **예** 父母+賜+子+千金 : 부모가 자식에게 천금을 주었다.
  佛+擧+拈華+於靈山會上 : 부처님께서 영산회상에서 꽃을 들어 보이셨다.《선가귀감》

4. 天上天下 無如佛

하늘 위나 하늘 아래 부처님 같은 분 없네

天上天下無如佛이며 十方世界亦無比이네
천상천하무여불   십방세계역무비

世間所有我見盡하여도 一切無有 如佛者이네
세간소유아견진   일체무유 여불자

치문경훈 선림묘기 서문

하늘 위나 하늘 아래 부처님 같은 분 없으며

시방세계 그 무엇에도 비교할 수 없네.

이 세상에 있는 것 내가 모두 살펴 보았지만

부처님과 같은 분이 없네.

새로운 한자

- 無如(무여) : 같은 것이 없다. 비교할 수 없다
- 十方(시방) : 본음은 '십방'이나 '시방'으로 읽는다. 사방(동서남북) · 사우(사방의 사이. 乾 · 坤 · 艮 · 巽)와 상하
- 亦(역) : 또, 또한(又). 모두. 다
- 世間(세간) : 세상. (불) 중생이 서로 의지하여 사는 세상
- 所有(소유) : 자기 것으로 가지는 일. 또는 그 물건. 있는 것. 존재하는 것
- 盡(진) : 다되다. 그릇이 비다. 다 없어지다. 없애다. 죄다. 다. 모두. 진력(盡力)하다
- 一切(일체) : 모든 것
- 一切(일절) : 아주 · 전혀 · 절대로. 사물을 부인 또는 금지할 때에 쓰는 말

해설

이 게송은 7언4구의 시구 형식으로 불사불(弗沙佛), 즉 불사(弗沙) 부처님을 찬탄하는 게송이다. 부처님이 이 세상에서 가장 위대함을 찬탄한 내용이다. 〈치문경훈 선림묘기 서문〉은 청봉 고수(靑峰高秀)가 지었다.

한문문법

- **無**(무)
  ① 없다. ② 말라(금지하는 말). ③ 不(불), 非(비)와 같이 쓴다.
- **無非**(무비) : 비교할 수 없음. 그렇지 않음이 없음. 잘못이 없음.
- **無爲**(무위) : 자연 그대로 인위(人爲)를 가하지 않음. 생사의 변화가 없이 상주(常住)하는 일. 열반의 세계.
- **無一物**(무일물) : 아무것도 가진 것이 없음. 마음은 본래 허명(虛名)하여 아무것도 집착할 만한 것이 없음.
- **비유의 뜻을 나타내는 글자** : 어떤 사물을 다른 사물에 비유해서 '마치 …와 같다'의 뜻으로 쓰인다. 若(약), 如(여), 似(사), 猶(유)가 있다.

경전한문의 이해

- **한문의 문형**(文型)

  같은 구도도 내용에 따라 달라진다. 평서문 · 부정문 · 의문문 ·

반어문·사역문(使役文)·피동문(被動文)·가정문·비교문 등이 있다.

1) 평서문

한문에서 가장 많이 나타나는 형태로 주어와 술어, 보어와 목적어가 순서대로 나열된다. 평범하게 서술하여 긍정의 뜻을 나타낸다.

> **예** 愛人者 人恒愛之 : 남을 사랑하는 사람은 남도 항상 그를 사랑한다.

① 단정을 나타내는 종결사 : '…이다'의 뜻으로, 也(야), 矣(의), 焉(언), 也已(야이), 也已矣(야이의)가 있다. 서술 종결사가 놓이면 문장의 뜻이 단정·강조된다.

> **예** 孝 百行之本也 : 효는 백행의 근본이다.

② 한정을 나타내는 종결사 : '…ㄹ 뿐이다', '…ㄹ 따름이다'의 뜻으로 已(이), 已矣(이의), 耳矣(이의), 爾(이), 而已矣(이이의)가 있다.

> **예** 夫子之道 忠恕而已矣 : 공자의 도는 충과 서일 뿐이다.

③ 평서문에 한정을 나타내는 문장은 대개 한정부사 唯(유), 維(유), 惟(유), 但(단), 只(지), 徒(도) 등이 같이 쓰이며 별도로 한정문(限定文)으로 분류하기도 한다.

> **예** 只在此山中 雲深不知處 : 다만 이 산속에 있지만 구름이 깊어 있는 곳을 모를 뿐이다.

2) 부정문

사물의 동작이나 상태, 사실을 부정하는 문장이다. 不(불)·未(미)·無(무)·非(비)·莫(막) 등의 부정사를 사용하여 만들거나, 不(불)…不(불)·無(무)…不(불) 등을 써서 이중부정, 즉 강한 긍정을 만든다.

> **예** 樹欲靜而風不止 子欲養而親不待 : 나무가 고요하고자 하나 바람이 그치지 않고, 자식이 봉양하고자 하나 부모가 기다려 주지 않는다.
>
> 是故 不應取法 不應取非法 : 이러한 까닭으로 응당 법을 취하지 말아야 하며 응당 법 아님도 취하지 말아야 하느니라.《금강경》

3) 의문문

의문종결사 乎(호)·耶(야)를 쓰거나, 의문사 誰(수)·何(하)·孰(숙)을 써서 의문문을 만든다.

> **예** 漢陽中 誰最富 : 한양에서 누가 가장 부자냐?
>
> 佛 告須菩提 於意云何 : 부처님께서 수보리에게 말씀하기를, "어떻게 생각하느냐?"《금강경》

4) 반어문

말하는 사람이 어떤 사실에 대해 이미 확실하게 알고 있으면서도 강조하기 위해 의문문의 형식을 빌려 반문(反問)하는 문장형이다. 반어문은 의문문과 어순이나 형식이 같지만 문맥으로 구별한다.

> **예** 割鷄焉用牛刀 : 닭을 잡는 데 어찌 소 잡는 칼을 사용하겠는가?《논어》

5) 사역문

주체가 되는 사람이나 사물이 대상으로 하여금 어떤 동작을 시키는 문장형이다. 使(사)·俾(비)·遣(견)·命(명)을 사용해서 만든다.

> **예** 遣婢買肉而來 : 계집종을 보내 고기를 사오도록 했다.

6) 피동문

주체가 되는 사람이나 사물이 다른 대상에 의해 어떤 동작을 당하는 것을 표현한 문장형이다. 被(피)・見(견)・爲(위)…所(소)・於(어) 등을 사용해 피동문을 만들며, 爲(위)…所(소)의 문형인 경우에는 爲(위)나 所(소)가 생략된 형태로 피동의 문형이 되기도 한다.

> **예** 鄭知常 誅於金富軾 : 정지상은 김부식에게 살해되었다.

7) 가정문

어떤 조건을 가정하여 예상되는 결과를 서술하는 문장형이다. 가정 부사 若(약)・如(여)・雖(수)・縱(종)・誠(성)・苟(구)・設使(설사) 등을 사용하여 가정형의 문장을 만들며 접속사 則(즉)을 사용하기도 한다.

> **예** 春若不耕 秋無所望 : 봄에 만약 밭을 갈지 않으면 가을에 바랄 것이 없다.

8) 비교문

어느 하나를 다른 것과 비교하여, 그 상태나 성질의 정도나 우열을 나타내는 문장형이다.

① …는 …와 같다 : 如(여)・若(약)・猶(유)

② …는 …만 못하다 : 不如(불여)…不若(불약)

③ …보다 더 …하다 : 於(어)・于(우)・乎(호)의 전치사를 사용

④ …라기보다는 차라리 …이다 : 與其(여기)…寧(녕)…

⑤ …보다 …한 것은 없다 : 莫(막)…於(어)

> **예** 學問如逆水行舟 : 학문은 물길을 거슬러 배를 저어가는 것과 같다.

聞之不若見之 : 듣는 것이 보는 것만 못하다.

氷水爲之而寒於水 : 얼음은 물이 변해서 된 것이지만 물보다 더 차다.

9) 한정문

사물이나 행위의 범위나 정도를 한정하는 뜻을 나타내는 문장형이다. 문장의 첫머리에 한정부사 唯(유)·惟(유)·獨(독)·但(단)·只(지)·直(직)·徒(도)·特(특)이 오는 경우와 끝부분에 한정종결사 耳(이)·爾(이)·已(이)·而已(이이)·而已矣(이이의)·耳矣(이의)가 오는 경우, 그리고 한정부사와 한정종결사를 함께 쓰는 경우가 있으며, '다만(오직)…일 뿐이다(따름이다)'로 해석한다.

> **예** 四無人跡 但聞風聲 : 사방에 인적이 없고 다만 바람소리만 들릴 뿐이다.

5. 無如佛者

부처님 같으신 분은 없다

十方世界와 天上天下에서
시방세계   천상천하

我今盡知하니 無如佛者이네
아금진지   무여불자

堂堂巍巍하여 爲天人師이니
당당외외   위천인사

故我禮足하고 讚歎歸依하네
고아예족   찬탄귀의

치문경훈 백낙천 육찬게

시방세계와 천상천하에서

내가 이제 모두 아니, 부처님같이 높으신 분 없네.

당당하고 높으신 인천의 스승이여,

그러므로 내가 예를 갖추어 찬탄 귀의하네.

새로운 한자

- 今(금) : 이제. 이때. 오늘. 현재. 바로. 지금. 곧
- 堂(당) : ① 집. 큰 집 ② 평평하다. 밝다 ③ 사물의 모양이 당당하다
- 堂堂(당당) : 당당하다. 꿀리거나 거리낌이 없이 버젓하다. 어엿하고 번듯하다
- 巍(외·위) : ① 나라 이름(위나라). 周의 제후국 ② 높다. 좋다 ③ 큰 모양
- 巍巍(외외) : 높고 큰 모양

- 天人師(천인사) : 하늘과 인간의 스승. 인간세계와 우주를 망라한 큰 스승. 석가모니부처님의 별칭
- 故(고) : ① 예. 옛. 이미 지난 때. 옛날의 ② 연고. 까닭. 까닭에
- 禮足(예족) : 상대방의 발에 이마를 대고 예경을 표시하는 최고의 예경법
- 讚(찬) : 찬탄하다. 찬양하다. 칭찬하다.
- 歎(탄) : ① 칭찬하다 ② 탄식하다. 한숨쉬다 ③ 읊다. 노래하다
- 歸(귀) : 돌아가다. 돌아오다. 본디 있던 곳에 돌아오다
- 依(의) : 의지하다
- 歸依(귀의) : 돌아가 몸을 의지하는 것. 종교적 절대자 또는 진리를 깊이 믿고 그에 의지하는 것

해설

중국 당나라 때 유명한 문장가 백낙천이 부처님을 찬탄한 게송이다.

인물소개

- **백낙천**(白樂天, 766~826) : 중국 당나라 때 시인. 이름은 백거이(白居易)이고, 낙천은 자이고, 호는 향산거사(香山居士)이다. 29세에 최연소로 진사에 급제하여 재능을 인정받아 한림학사, 좌습유 등 좋은 직위에 발탁되었다. 37세 되던 해에 부인 양씨와 결혼했다. 당 현종과 양귀비의 사랑을 노래한 장편시 〈장한가(長恨歌)〉에는 부인에 대한 작자의 사랑이 잘 반영되어 있다.

백낙천은 문학 창작을 삶의 보람으로 여겼다. 그가 지은 작품의 수는 대략 3,840편이라고 한다. 자신의 시문에 일상어를 유효적절하

게 구사한 것도 그의 표현을 간명하게 한 큰 이유 중의 하나이다. 당대의 고승인 도림(道林)선사와 교류한 이야기는 유명했고, 불교적인 시를 많이 지었다.

경전한문의 이해

• **한자어의 9품사**(品詞)

한자어의 품사는 크게 실사(實辭)와 허사(虛辭) 그리고 독립사(獨立辭)로 구분할 수 있다. 실사는 명사·대명사·동사·형용사·부사 등이 있고, 허사는 접속사·개사·종결사 등이 있다. 독립사는 감탄사를 말한다.

1) 명사(名詞)

사물의 이름을 나타내는 품사이다. 보통명사·고유명사·추상명사·수량명사·의존명사 등이 있다. 의존명사는 반드시 수식어를 필요로 하는 불완전명사이다. 예를 들면 所·者이다.

> **예** 獲罪於天 無所禱也 : 하늘에 죄를 지으면 빌 곳이 없다.

2) 대명사(代名詞)

대명사란 사물의 이름 대신에 쓰이는 말인데, 인칭대명사·지시대명사·의문대명사 등이 있다.

① 인칭대명사는 1인칭대명사·2인칭대명사·3인칭대명사·부정

칭(不定稱) 대명사가 있다.

    ㉠ 1인칭대명사 : 吾(오)·我(아)·余(여)·予(여)·己(기) 등

    예 己所不欲 勿施於人 : 자기가 원하지 않는 일은 다른 사람에게도 시키지 마라. 《논어》

    ㉡ 2인칭대명사 : 汝(여)·女(여)·爾(이)·而(이)·若(약)·乃(내)·子(자)·君(군) 등

    예 爾爲爾 我爲我 : 너는 너고(너가 되고) 나는 나다(내가 된다).《맹자》

    ㉢ 3인칭대명사 : 他(타)·彼(피)·渠(거)·夫(부)·伊(이) 등

    예 知彼知己 百戰百勝 : 저쪽을 알고 자기를 알면 백 번 싸워도 백 번 이긴다.《손자병법》

    ㉣ 부정칭대명사 : 誰(수)·孰(숙)·某(모) 등으로 '누구', '어떤 사람'의 뜻이다.

② 의문대명사는 사물이나 사실에 대하여 의문·부정·감탄을 나타낸다. 誰(수 : 누구)·孰(숙 : 누구, 무엇)·何(하 : 누구, 무엇, 어디, 왜)·安(안 : 어디, 어찌)·奚(해 : 무엇, 어찌, 어디)·惡(오 : 왜, 어디) 등이 있다.

    예 後世誰稱 大丈夫 : 후세에 누가 대장부라 칭하겠는가?

③ 지시대명사는 사물이나 사실 등을 가리켜 보인다. 가까운 근칭(近稱)을 가리키는 是(시)·此(차)가 있으며, 먼 것을 가리키는 원칭(遠稱)대명사로 彼(피)·夫(부) 등이 있다. 중칭(中稱)으로 其(기)·之(지)·厥(궐) 등이 있다.

3) 동사(動詞)
사람의 동작이나 행위를 나타내며, 문장에서 서술어 역할을 한다.

4) 형용사(形容詞)
사물의 상태나 성질을 나타낸다.

5) 부사(副詞)
동사 · 형용사 또는 다른 부사를 한정하거나 꾸며준다.

6) 접속사(接續詞)
독립된 뜻을 갖지 못하는 허사로 문법적인 기능만 가지며, 단어와 단어를 이어주는 품사이다.

7) 개사(介詞)
실사와 실사의 사이에 끼여 다른 말과의 관계로 맺어주는 품사로서 전치사와 후치사가 있다.

8) 종결사(終結詞)
종결사는 문장의 종결을 나타낸다.

9) 감탄사(感歎詞)
감탄사는 독립사로 감탄이나 탄식을 나타낸다.

하늘 위 하늘 아래 최고이신 석가세존

天上天下 金仙世尊

天上天下에서 金仙世尊은
천 상 천 하   금 선 세 존

一心十號와 四智三身이네
일 심 십 호   사 지 삼 신

度脫五陰하고 超踰六塵하니
도 탈 오 음   초 유 육 진

生靈歸敬으로 所謂能仁일세
생 령 귀 경   소 위 능 인

치문경훈 인종황제 찬삼보문

하늘 위 하늘 아래 최고이신 금선 세존 석가모니는 한 마음으로 열 개의 명호, 네 가지 지혜, 세 몸으로 나투셨네. 오음 망상 건지시고 육진의 장애를 초월하니, 생령들의 귀의 공경받으니 능인(能仁)일세.

새로운 한자

- 仙(선) : 신선
- 金仙(금선) : 부처님
- 尊(존) : ① 존중하다. 존경하다. 우러러보다 ② 높다. 지위가 높다
- 世尊(세존) : 세상에서 존경을 받을 만한 분. 석가세존의 준말
- 十號(십호) : 열 개의 이름. 부처님의 다른 이름 열 개를 여래십호(如來十號)라고 한다
- 智(지) : 지혜
- 身(신) : 몸. 신체
- 度(도) : ① 법도, 법. 제도 ② 건너다. 나르다
- 脫(탈) : 벗다. 옷을 벗다. 껍질을 벗기다

- 度脫(도탈) : 벗어나다. 건너다
- 超(초) : 넘다. 뛰어넘다. 초월하다
- 超踰(초유) : 뛰어넘다. 초월하다
- 靈(령) : ① 신령. 신령하다 ② 영혼
- 歸敬(귀경) : 귀의하고 공경함
- 陰(음) : ① 응달(↔陽) ② 가리다. 숨다. 묻히다
- 踰(유) : ① 넘다(=逾) ② 지나가다. 거쳐가다
- 塵(진) : 티끌. 먼지
- 生靈(생령) : 생명. 생민(生民). 살아 있는 생명체
- 所(소) : ① 바. 곳(處). 일정한 곳이나 지역 ② 바(동작을 명사화하여 指事의 뜻을 가지는 말)
- 謂(위) : ① 이르다. 말하다. 일컫다. 설명하다 ② 이르는 바
- 所謂(소위) : 이른바
- 能仁(능인) : 능히 인(仁)을 실천할만 한 분이란 뜻. 범어 석가모니를 의역하여 '능인'이라 했음

해설

이 글은 인종 황제(1009~1063, 송나라 6대 군주)가 불·법·승 삼보(三寶)를 찬탄하는 글 가운데 부처님을 찬양하는 게송이다. 부처님의 여래십호, 사지(四智), 삼신(三身)의 불덕(佛德)과 오음(五陰)과 육진(六塵)의 번뇌와 고통을 벗어나 중생들을 구제하시는 부처님의 지혜를 밝힌 탁월한 찬불게송이다.

불교용어

- **三身**(삼신): 불신을 그 성질상으로 보아 셋으로 나눈 것이다.
  ① 법신(法身) : 법(法)은 영겁토록 변치 않는 만유의 본체, 신(身)은 적취(積聚)의 뜻으로, 본체에 인격적 의의(意義)를 붙여 법신이라 하니, 빛깔도 형상도 없는 이불(理佛).

② 보신(報身) : 인(因)에 따라서 나타난 불신. 아미타불과 같음. 곧 보살위(菩薩位)의 어려운 수행을 견디고, 정진 노력한 결과로 얻은 불신.
③ 응신(應身) : 화신(化身). 보신불을 보지 못하는 이를 제도하기 위하여 나타나는 불신. 역사적 존재를 인정하는 석가모니불이 응화신(應化身)임.

- **六塵**(육진) : 인식의 대상이 되는 경계인 육경(六境)을 육진이라 한다. 육경은 항상 마음이 주위의 나쁜 환경의 도적(六賊)에게 현혹되고 침범당하기 때문에 도적과 티끌에 비유하여 육진이라고 한다. 육경은 육근(六根 : 여섯 가지 감각기관. 눈·귀·코·혀·몸·뜻)의 대상이 되는 색(色)·성(聲)·향(香)·미(味)·촉(觸)·법(法)을 말한다.

- **四智**(사지) : 법상종에서 세우는 여래의 네 가지 지혜.
① 대원경지(大圓鏡智) : 유루(有漏)의 제8식을 바꾸어 얻은 무루(無漏)의 지혜로, 이것은 거울에 한 점의 티끌도 없이 삼라만상이 그대로 비추어 모자람이 없는 것과 같이 원만하고 분명한 지혜이므로 대원경지라고 한다.
② 평등성지(平等性智) : 제7식을 바꾸어 얻은 무루의 지혜로 차별하는 마음을 떠나 모두에게 평등한 자비심으로 중생을 이익케 하는 지혜이다.
③ 묘관찰지(妙觀察智) : 제6식을 바꾸어 얻은 지혜로, 진리를 관찰하여 얻은 지혜이다.
④ 성소작지(成所作智) : 불과에 이르러 유루의 전5식(前五識)과 그 상응하는 마음을 버린 지혜이다.

- **十號**(십호) = **如來十號**(여래십호) : 부처님의 열 가지 이름을 여래십호라 한다. 이 열 가지 이름은 부처님의 공덕상을 설명하는 내용으로 이루어져 있다. 그 각각은 아래와 같다.

① 여래(如來) : 범어로 tathagata를 의역한 말이다. 모든 부처님들과 같은 길을 걸어서 그와 같이 이 세상에 오신 분이란 뜻이다. 즉 우연이나 기적으로 오신 것이 아니라 여실(如實)한 진리를 따라서 이 세상에 오셔서 진리를 보여주시는 분이란 뜻을 담고 있다.

② 응공(應供) : 범어 arhat를 의역한 말이다. '온갖 번뇌를 끊어서 인간과 하늘 중생들로부터 공양을 받을 만한 덕을 갖춘 사람이란 뜻이다.

③ 정변지(正遍知) : 범어 samyaksambuddha를 의역한 것이다. 그러나 일반적으로 등정각(等正覺) · 정등각(正等覺) · 등각(等覺) · 정각(正覺)으로 의역한다. 부처님은 일체의 모든 지혜를 두루 갖추셨기 때문에 세계와 우주의 모든 물질과 마음의 현상에 대해서 다 아신다는 뜻이다.

④ 명행족(明行足) : 범어 vidyacarana-sampanna를 의역한 것이다. 《열반경》에 의하면, '명(明)'이란 더 없이 높은(無上), 바르고 두루 아는 것(正遍知)을 의미하며, '행족(行足)'은 '각족(脚足)'이란 의미로 계 · 정 · 혜 삼학(三學)을 가리킨다고 설한다. 즉 부처님은 계정혜 삼학을 두루 구족하여 무상정변지를 얻었으므로 명행족이라 한다. 명행족에 대한 또 다른 해석은 천안통(天眼通), 숙명통(宿命通), 누진통(漏盡通)의 삼명(三明)을 밝게 아는 지혜와 신체, 언어, 행동 등이 다 함께

완전한 이라는 의미로 해석한다.

⑤ 선서(善逝) : 범어 sugata의 의역이다. '잘 갔다'라는 의미이다. 이는 부처님께서는 생사의 세계를 벗어나서 열반의 저 언덕에 잘 가셨으므로 다시는 생사의 바다로 돌아오시지 않는다는 뜻이다.

⑥ 세간해(世間解) : 범어 lokavid의 의역이다. 부처님께서는 참다운 깨달음을 성취하셨기 때문에 능히 세간의 모든 일을 다 아신다는 뜻이다.

⑦ 무상사(無上士) : 범어 anuttara의 의역으로 부처님은 일체중생 가운데서 가장 높아서 위가 없는 대사라는 뜻이다.

⑧ 조어장부(調御丈夫) : 범어 purusa-damya-sarathi의 의역이다. 부처님은 대자(大慈)·대비(大悲)·대지(大智)로써 중생을 대하시며 부드러운 말, 간절한 말, 또는 여러 가지 말을 써서 중생들을 잘 통제하여 올바른 길을 잃지 않도록 하는 이라는 뜻이다.

⑨ 천인사(天人師) : 범어 sasta-devamanusyanam의 의역이다. 부처님은 하늘과 인간의 스승이라는 뜻이다.

⑩ 불세존(佛世尊) : 범어 buddha-lokanatha의 의역이다. 불(佛)은 지자(知者) 또는 깨달은 사람이라 번역하며, 세존(世尊)은 세상에서 가장 존중한다는 뜻이다. 그래서 이 둘을 합친 불세존은 앞에서 나열한 것처럼 부처님은 아홉 가지의 원만한 덕상을 갖추셨기 때문에 세상이 존중한다는 뜻이다.

경전한문의 이해

• 허사(虛辭)의 용법

허사는 조사나 어미, 전치사, 후치사, 접속사 등과 같이 홀로는 어떠한 뜻을 나타내지 못하는 글자이다. 허사라는 말은 사실 과학적 엄밀성이 부족하여 명료한 개념으로 설명하기가 어렵다. 허사라는 말은 전통적으로 쓰여 온 한문 특유의 용어이다.

한문은 문법 체계만으로 설명이 어렵고 뜻 자체가 모호한 면이 많아 허사를 이용하지 않고는 설명이 쉽지 않다. 어떤 어휘들을 허사라고 할 것인가의 문제는 상당히 복잡하다. 허사라는 개념 자체가 모호하기 때문이다.

한문 학습에 있어서 중요한 것은 허사에 대한 명료한 정의를 내리는 것이 아니라 허사의 쓰임새를 잘 이해하는 것이다. 허사의 쓰임새를 깊이 이해하지 못하면 전체적인 뜻이야 어느 정도 파악할 수 있다고 해도, 한 자 한 자를 쫓아가면서 한문을 정확하게 해석하기가 어렵다.

• 대명사류(代名詞類)

① 其(기) : 其가 대명사일 경우는 우리말로 '그', '그의', '그중의' 등의 뜻을 가진다.

> 例 其爲人也孝弟 : 그 사람됨이 효성스럽고 우애롭다.
>
> 佛言 博聞愛道 道必難會 守志奉道 其道甚大 : 부처님께서 말씀하셨다. 널리 듣는 것

만으로 도를 사랑하면 도를 알기 어렵고, 뜻을 지키어 도를 받들면 그 도는 크고 큰 것이다.《42장경》

② 是(시) : 是는 일반적으로 지시사로서 비교적 가까이 있는 사람·사물·장소 등을 지시하며, 우리말로는 '이', '이것'의 뜻을 가진다.

> **예** 是鳥也 海運則將徙於南冥 : 이 새는 바다가 움직이면 장차 남쪽으로 날아간다.《장자》
> 今其人在是 : 지금 그 사람이 여기에 있다.《전국책》

③ 之(지) : 之의 용법에는 두 가지가 있다. 하나는 조사로 쓰이는 것이고, 다른 하나는 대명사로 쓰이는 것이다.

조사로 쓰일 때는 之자 앞부분의 정어(定語)를 뒷부분의 중심어(中心語)에 소개시키는 역할을 하며, 우리말로는 대개 '~의', '~한'으로 해석된다.

대명사로 쓰일 때는 사람이나 사물에 모두 쓰일 수 있다. 우리말로는 '그', '그것', '그들' 등으로 해석된다.

> **예** 古之學者 必有師 : 옛날의 학자는 반드시 스승이 있었다.
> 愛人者 人恒愛之 敬人者 人恒敬之 : 남을 아끼는 자는 남도 언제나 그를 아끼고, 남을 공경하는 자는 남도 늘 그를 공경한다.《맹자》

④ 者(자) : 者는 일종의 특수한 지시대명사로서, 보통 형용사·동사 뒤에 쓰여서 명사성(名詞性) 구(句)를 만들며, '…한 사람', '…한 것'이라는 뜻을 가진다. 우리말의 불완전명사와 비슷한 것으로 생각될 것이다. 그러나 한문에서는 者가 명확히 지시되지 않으나, 者자 앞에 서술된 어떤 것을 가리키는 말로 쓰인 점을 중시하여 대명사로 간주한다.

한문에는 者, 所 등의 대명사들이 상당히 많이 쓰인다. 者는 '놈,

것', '이(此也)' 등으로 해석되고 어조사로도 사용된다.

- **예** 仁者不憂 知者不惑 勇者不懼 : 어진 사람은 근심하지 않고, 지혜로운 사람은 의혹에 빠지지 않고, 용감한 사람은 두려워하지 않는다.《논어》

  佛言 惡人害賢者 猶仰天而唾 唾不至天 還從己墮 : 악인이 어진 이를 해치는 것은 마치 하늘을 우러러 침을 뱉으면 침이 하늘에 이르지 않고 도리어 자신에게 떨어지는 것과 같다.《42장경》

7. 佛爲海船師

사바가 고해라면 부처님은 항해사일세

佛爲海船師이고 法橋度河津이네
불 위 해 선 사　　　　법 교 도 하 진

大乘道之輿이고 一切度天人하네
대 승 도 지 여　　　　일 체 도 천 인

장수왕경

부처님은 고해의 선장(船長)이고

교법(가르침)은 항하의 나루를 건너게 하는 다리일세.

대승법의 진리는 가마와 같아서

모든 천인을 제도해 주네.

새로운 한자

- 爲(위) : ① 하다. 만들다. 행하다 ② 되다. 이루다 ③ 있다(=有)
- 船(선) : 배　　　　・海船師(해선사) : 항해사. 선장
- 橋(교) : 다리　　　・河(하) : 하천. 황하(黃河)　　・津(진) : 나루
- 度(도) : 건너다　　・乘(승) : 타다
- 大乘(대승) : 큰 수레에 타다(↔小乘)
- 道(도) : ① 길. 진리. 다니는 길. 이치. 도리. 근원 ② 가다. ③ 말하다
- 輿(여) : 가마. 수레의 총칭　　一切(일체) : 모두
- 天人(천인) : 하늘사람 예 제석천인. 도솔천인

해설

중생이 사는 사바세계를 더러움으로 가득 찬 국토란 뜻으로 예토(穢土)라 하고, 불난 집에 비유하여 화택(火宅)이라 하고, 고통스런 바다를 항해하는 것과 같다하여 고해(苦海)라고 한다.

고통받는 중생을 구제해 주시는 부처님을 인천(人天)의 스승 또는 병을 고쳐주는 의사 중의 왕이라 하여 의왕(醫王) 또는 생사의 바다를 건너게 해주는 항해사(선장)에 비유한다.

다리가 있어야 강을 편안히 건널 수 있고, 가마를 타면 아무리 어려운 길도 쉽게 갈 수 있다. 부처님의 진리의 교법을 항하의 나루를 건너는 다리에 비유하고, 대승의 교법을 진리의 가마에 비유하였다.

경전한문의 이해

• **부사류**(副詞類)

부사는 동사·형용사 또는 다른 부사를 한정하거나 꾸며주는 역할을 하는 품사이다.

1) **의문·반어부사** : 강한 긍정이나 강조, 동의를 나타내는 반어문 등에 쓰이는데, 何(하 : 왜) · 安(안 : 어찌) · 胡(호 : 어찌) · 豈(기 : 어찌) · 焉(언 : 어찌) 등이 있다.

2) **시제부사** : 과거·현재·미래를 나타내는 부사인데, 旣(기 : 이미)·已(이 : 이미)·嘗(상 : 일찍이)·曾(증 : 일찍이)·今(금 : 지금)·卽(즉 : 곧)·正(정 : 바로)·時(시 : 그때)·定(정 : 바로, 꼭)·將(장 : 장차)·且(차 : 머지않아)·次(차 : 다음) 등이 있다.

3) **가정부사** : 사실·행위 등을 가정해 결과를 예견시키는 부사로 가정문을 만드는데, 若(약 : 만약)·如(여 : ~와 같다)·雖(수 : 비록)·苟(구 : 만약, 진실로) 등이 있다.

4) **한정부사** : 행위·자격·수량 등을 한정하여 한정문을 만드는데, 但(단 : 다만)·只(지 : 단지)·直(직 : 다만)·徒(도 : 한갓, 헛되이)·獨(독 : 단지, 오로지)·維(유 : 오직) 등이 있다.

5) **정도부사** : 사물이나 행위의 정도를 나타내는 부사인데, 甚(심 : 매우)·至(지 : 지극히)·極(극 : 지극히)·最(최 : 최고) 등이 있다.

6) **강조부사** : 사물이나 행위의 특히 강조되는 부분을 부각시켜주는 역할을 하는데, 亦(역 : 또한)·猶(유 : 오히려, 아직)·必(필 : 반드시)·且(차 : 또한)·況(황 : 하물며, 더욱이) 등이 있다.

① 惟(유) : 惟는 원래 '생각하다', 維(유)는 '줄', '줄로 묶다', 唯(유)는 '대답하다'라는 뜻으로 쓰였다. 그러나 부사적으로 쓰여 '~뿐'의 뜻을 나타낼 때나 어기사(語氣詞)적인 뜻으로 쓰일 때는 거의 구별

없이 쓰인다.

- **예** 惟士爲能 : 오직 선비만이 할 수 있다.
  唯我與爾有是夫 : 오직 나와 너만이 그러하리라.
  唯傳見性法 出世破邪宗 : 오직 견성법만을 전하여 세상에 나와 삿된 종을 부수도다. 《돈황본 단경》

② 雖(수) : 사실 행위 등을 가정해 결과를 예견하는 가정부사로 '비록…'의 뜻으로 가정문을 만든다.

- **예** 雖殺之 無益只益禍耳 : 비록 그를 죽인다 해도 이로움은 없고, 단지 재앙만 더할 뿐이다.
  佛言 沙門行道 無如磨牛 身雖行道 心道不行 心道若行 何用行道 : 부처님께서 말씀하셨다. 사문이 도를 실행하는데 있어 억지로 연자매를 끄는 소와 같이 하지 말라. (그렇게 한다면) 몸으로는 비록 도를 행하는 척 하나, 마음으로는 도는 행하지 않게 된다. 마음으로 도를 만약 행한다면 따로 도를 행하려고 할 필요가 어디 있겠는가?《42장경》

③ 何(하) : 의문·반어부사로 강한 긍정이나 강조, 동의를 나타내는 반어문 등에 쓰인다. '왜', '어찌', '어떻게', '누구' 등으로 해석한다.

- **예** 求 爾何如 : 구야, 너는 어떠하냐?《논어》 (何如 : '어떤', '어떠하다'의 뜻)
  問云, 何是常不離佛
  答 心無起滅 對境寂然 一切時中 畢竟空寂 卽是常不離佛 :
  (문) 어떤 것이 항상 부처님을 떠나지 아니하는 것입니까?
  (답) 마음에 일어나고 사라짐이 없고 경계를 대하여는 고요하여 어느 때나 필경 공적하면 이것이 곧 항상 부처님을 떠나지 않는 것이다.《돈오입도요문론》

④ 如何是(여하시) : 의문부사로 '무엇입니까'로 해석한다.

- **예** 問如何是 西來意 祖便打曰 我若不打汝 諸方笑我也 : (문) "무엇이 조사가 서쪽에서 오신 뜻입니까?" 조주스님께서는 별안간 후려치면서 말씀하셨다. "그대를 후려치지 않는다면 제방에서 나를 비웃겠지."《마조록》

大梅山 法常禪師 初參祖問 如何是佛 祖云 卽心是佛 常卽大悟: 대매산 법상스님이 처음 참례하고 스님에게 물었다. "무엇이 부처입니까?" "마음이 부처다." 법상스님은 그 자리에서 깨달았다.《마조록》

⑤ 什麼(십마): 의문부사로 '무엇', '어디'로 해석한다.

- **祖問僧 什麼處來 云湖南來 祖云 東湖水滿也 云未 祖云 許多時雨水尚未滿**: 마조스님이 어떤 스님에게 물었다. "어디서 왔느냐?" 대답하기를 "호남에서 왔습니다." "동정호에는 물이 가득찼더냐?" "아닙니다." "오랫동안 비가 그렇게나 내렸는데도 아직 가득 차지 않았더냐?"《조주록》

  祖問曰 作什麼 曰牧牛: 마조스님이 석공 혜장스님에게 물었다. "무엇 하느냐?" "소를 칩니다."《마조록》

⑥ 將(장): 시제부사로 미래를 나타내면 '장차, 바야흐로'라고 해석한다. 將의 용법은 '장차…를 하려 한다'는 뜻으로 쓰인다.

- **鳥之將死 其鳴也哀 人之將死 其言也善**: 새가 장차(바야흐로) 죽으려 할 때에는 울음소리가 애처롭고, 사람이 장차 죽으려 할 때에는 그 말이 착한 법이다.《논어》

  使佛覓佛 將心捉心 窮劫盡形 終不能得: 부처에게 부처를 찾게 하고 마음으로 마음을 붙잡는다면, 영겁이 지나고 몸이 다하더라도 바라는 것은 얻을 수 없는 것이다.《전심법요》

8

나는 훌륭한 의사와 같아서 병에 따라 약을 준다

我如良醫 知病設藥

我如良醫하여 知病設藥하니
아 여 양 의   지 병 설 약

服與不服은 非醫咎也이다
복 여 불 복   비 의 구 야

불유교경 · 야운스님의 자경문

나는 훌륭한 의사와 같아서 병에 따라 약을 일러주므로

(그 약을) 복용하고 복용하지 않는 것은 의사의 허물이 아니다.

새로운 한자

- 如(여) : 같다. 다르지 아니하다
- 醫(의) : 의원. 의사. 치료하다
- 知病(지병) : 병의 상태와 원인을 알다
- 說(설) : ① 말하다. 가르치다 ② 말씀. 말. 언설(言說)
- 藥(약) : 약
- 服(복) : ① 약을 마시다 ② 옷. 의복. 입다. 옷을 입다 ③ 따르다. 말을 듣다. 쫓다
- 非醫咎(비의구) : 의사의 잘못이 아니다
- 良(량) : 좋다. 가멸다. 부(富)하다. 아름답다
- 良醫(양의) : 훌륭한 의사. 좋은 의사
- 咎(구) : 허물. 저지른 잘못

해설

불교는 자기 스스로 수행을 통해 깨달음을 추구하는 자력(自力) 종교이다. 특히나 선불교는 더욱 그렇다.

부처님께서는 중생의 근기에 따라 팔만사천 가지나 되는 많은 법문을 설하셨다. 그 법문을 듣고 그대로 실천하거나 혹 실천하지 않는 것은 개인 각자의 문제이다. 실천하면 깨닫게 되고 실천하지 않으면 불가능하다. 마치 소에게 물을 먹이기 위해서 냇가까지 끌고 갈 수는 있지만 물을 마시고 안 마시고는 소의 문제이다. 소를 대신하여 물을 마셔줄 수는 없다.

부처님의 가르침도 마찬가지이다. 부처님의 가르침에 따라 수행하고 공부하여 생사의 고통에서 해탈하는 일은 중생 각자의 몫이다. 마치 의사가 병자에게 병에 맞는 약을 처방했는데 그 약을 먹거나 먹지 않는 것은 병자의 몫이지 의사의 허물이 아니다. 인연이 없는 중생은 부처님도 어떻게 할 수가 없다. 인연 없는 중생은 부처님도 구제할 수가 없다.

불교용어

- **應病設藥**(응병설약) : 부처님의 설법을 應病與藥(응병여약) 또는 應病設藥(응병설약)이라고 한다. 사람의 근기에 따라서 거기에 알맞게 설하시기 때문에 마치 의사가 환자의 병에 따라 약을 주는 것과 같다하여

'응병설약 대기설법'이라고 한다.

경전한문의 이해

• **접속사류**

접속사는 독립된 뜻을 갖지 못하는 허사로 문법적인 기능만 가지며, 단어와 단어, 구와 구, 절과 절을 이어 주는 품사이다. 卽(즉 : 곧), 則(즉 : ~면, 바로, 즉), 故(고 : 때문에), 及(급 : ~와), 與(여 : ~와, ~에게), 以(이 : ~으로써), 且(차 : 뿐만 아니라, 또는) 등이 있다.

① 卽(즉) : 卽은 즉각(당장)처럼 시간적 부사로도 쓰이고, 문장과 문장을 연결해 주는 접속사로 쓰인다. '즉, 곧'으로 해석한다.

　예 色卽是空 空卽是色 : 색이 곧 공이요, 공이 곧 색이다.《반야심경》
　　　用之則行 舍之則藏 : 등용되면, 나아가고, 버려지면 들어앉는다.《논어》

② 卽(즉), 是(시) : 卽·是는 '다름 아닌 바로'의 뜻으로 '곧'으로 해석한다.

　예 不識本心 學法無益 識心見性 卽悟大意 : 본래 마음을 알지 못하면 불법을 배워도 이로움이 없으니, 마음을 알아 성품을 보면 곧 큰 뜻을 깨치느니라.《단경》
　　　自性迷卽時衆生 自性悟卽是佛 : 자성이 미혹하면 곧 중생이요, 자성을 깨치면 곧 부처니라.《단경》

③ 若(약)·如(여) : 若·如는 사실·행위 등을 가정해 결과를 예견하는 부사로서 가정문을 만든다. '만약', '…와 같다' 등으로 해석한다.

　예 須知自身罪障 猶如山海 : 모름지기 자신의 죄업이 마치 높은 산과 같고 깊은 바다와

같은 줄을 알라. 《계초심학인문》

④ 但(단)·只(지) : 但·只·獨(독)·惟(유)·唯(유)·維(유) 등은 행위·자격·수량 등을 한정하여 한정문을 만든다. '다만', '단지', '홀로(유독)', '오직' 등으로 해석한다.

- **예** 空山不見人 但聞人語響 : 산속에 사람은 보이지 않고 다만 말소리만 들린다. 〈왕유의 시구〉

  雖殺之 無益只益禍耳 : 비록 그를 죽인다 해도 이로움은 없고, 단지 재앙만 더할 뿐이다.

⑤ 祇(기, 지) : '땅을 맡은 귀신', '편안한', '큰', '공경할', '마침', '다만'의 뜻으로 쓰이며, '마침', '다만'의 뜻으로 쓸 때에는 '지'로 읽는다.

- **예** 祇園精舍 : 마가다국 사위성에 있는 절. 기타태자와 수달장자가 부처님께 기증한 절.

  起妄遣妄 亦成妄 妄本無根 祇因分別而有 : 망념을 일으키고 그것을 없애는 것 또한 망념이 되느니라, 망념은 본래 뿌리가 없지만, 다만 분별 때문에 생긴다. 《전심법요》

9 때는 사월 초파일이었다
時四月八日

爾時에 **摩耶后**가 **自知産時至**하고
이 시   마 야 후   자 지 산 시 지

偃寢安勝床하자 **百千采女侍**하니
언 침 안 승 상   백 천 채 녀 시

時四月八日이다
시 사 월 팔 일

불소행찬

그때 마야왕비는 스스로 아기를 낳을 때가 온 줄을 알고, 편안하고 훌륭한 자리에 누으니 수많은시녀들이 왕비를 모셨는데 때는 사월 초파일이었다.

새로운 한자

- 爾時(이시) : 그때. 그 당시
- 后(후) : 왕비. 후비(后妃). 왕후
- 知(지) : 알다
- 産時(산시) : 아이를 낳을 시각. 해산 시각
- 至(지) : ① 이르다. 오다. 도래하다 ② 지극히. 매우
- 偃(언) : ① 편안하다 ② 한쪽으로 기울어지다. 쓰러지다
- 寢(침) : 잠자다. 잠들다. 눕다. 누워서 쉬다
- 摩耶(마야) : 마야왕비. 석가모니 부처님의 생모
- 自(자) : ① 스스로 ② 자기
- 産(산) : 낳다. 태어나다. 산물(産物)
- 偃寢(언침) : 편안한 잠자리

- 侍(시) : 모시다
- 勝(승) : ① 이기다. 승부를 겨루어 이기다 ② 뛰어난 것. 훌륭한 곳
- 勝地(승지) : 경치가 좋은 곳(=勝景)
- 床(상) : 牀의 속자. 상. 잠자리
- 安(안) : ① 편안하다. 즐기다 ② 어찌(=何·焉)
- 勝床(승상) : 좋은 침상. 좋은 잠자리
- 采女(채녀) : 궁중의 시녀

해설

《불소행찬》의 첫머리에 있는 시이다. 싯다르타왕자가 사월 초파일에 룸비니 동산에서 태어나는 장면을 묘사한 시이다.

부처님의 생애를 한 권의 대서사시로 노래한 것은 대단한 업적이다. 불교의 운문문학이 경전 속의 게송과 함께 이렇게 오랜 역사 속에서 그 기반이 튼튼하게 발전해 왔다. 조선시대 세종이 지은《월인천강지곡》도 부처님을 찬양한 한 편의 대서사시이다.

《불소행찬》은 1~2세기경에 인도의 마명(馬鳴)보살이 지은 것으로, 담무참이 범본《붓다차리타》를 412년에서 421년 사이에 한역했다. 《불소행찬》은 석가모니부처님의 일대기를 운문으로 번역한 5언의 대서사시로 불전문학(佛傳文學)의 걸작품이다. 마명보살은 불교 사상가일뿐만 아니라 천재적 시인이다. 그의 저서는《붓다차리타》·《대승기신론》·《대장엄론경》 등이 있다.

경전한문의 이해

• **부정사류**

부정형(不定形)이란 동작·상태 혹은 사물을 부정하는 뜻을 나타낸다. 부정형 문장에는 반드시 부정사가 있다. 부정사에는 不(불)·無(무)·非(비)·莫(막)·勿(물)·愼(신)·弗(불)·未(미)·毋(무) 등이 있다.

예 回也不愚 : 안회는 어리석지 않다.《논어》
我無爾詐 : 나는 너를 속이지 않겠다.《좌전》

① 不(불)

예 經云 聖人求心不求佛 愚人求佛不求心 智人調心不調身 : 경전에 말씀하시기를 "성인은 마음을 구하나 부처를 구하지 아니하고, 어리석은 사람은 부처를 구하면서 마음을 구하지 아니한다." 하였다.《돈오입도요문론》
坐禪 元不著心 亦不著淨 : 좌선은 원래 마음에 집착하지 않고 또한 깨끗함에도 집착하지 않느니라.《돈황본단경》

② 無(무)

예 妄心自滅 無復可追尋 : 망령된 마음이 스스로 없어지면 더 이상 쫓아가 찾을 것이 없느니라.《완릉록》
此土初祖云 無能無聖爲佛聖 : 이 땅의 초조 달마대사께서 말씀하시기를 "잘하는 것도 없고, 성스러움도 없어야 성스러운 부처님이다"라고 하셨다.《백장록》

③ 非(비)

예 無修無證 非心非佛 佛亦是佛說 是了義敎語 是遮語 是別語 是生語 是地位人前語 : 닦아서 부처되는 것을 인정하지 않고 닦을 것도 없고 깨칠 것도 없다, 마음도 아니고 부처도 아니다.《백장록》
諸佛菩薩喚作示珠人 從來不是箇物 不用知渠解渠 不用是渠非渠 : 모든 부처와 보살

은 구슬을 보여주는 사람이라고도 하는데, 그것은 원래 어떤 물건이 아니므로 그것을 알 필요도 이해할 필요도 없으며, 그것이 옳다 그르다 할 필요도 없다.《백장록》

④ 勿(물)

예 愼勿見色聞聲 流蕩邪心 : 눈으로 사물을 보고, 귀로 소리를 듣거나 사악한 마음에 흐르지 말도록 삼가라.《계초심학인문》

愼勿視女色 亦莫共言語 : 여자를 색정으로 삼가 보지 말고, 역시 함께 말하지 말라.《42장경》

10. 菩薩右脇生

보살이 오른쪽 옆구리로 태어났네

淸和氣調適하고 齋戒修淨德하여
청 화 기 조 적   재 계 수 정 덕

菩薩右脇生하다
보 살 우 협 생

大悲救世間하니 不令母苦惱하다
대 비 구 세 간   불 령 모 고 뇌

불소행찬

맑고 온화한 기운이 알맞게 고르고 재계하고 깨끗한 덕 닦았기에 보살은 오른쪽 옆구리로 나셨네. 큰 자비는 온 세상을 건지려 하였기에 어머니를 해산의 고통이 없게 괴롭히지 않았네.

새로운 한자

- 淸(청) : 맑다. 물이 맑다.
- 淸和(청화) : ① 맑고 부드러움 ② 잘 다스려진 세상 ③ 음력 사월 초하루, 또는 사월의 딴 이름 ④ 음력 사월의 기후
- 和(화) : 화하다. 알맞다. 화평하다. 화합하다
- 氣(기) : ① 기운(기상의 변화를 따른 구름의 움직임). 원기. 만물 생성의 근원 ② 힘. 기세. 세력 ③ 공기
- 調(조) : ① 고르다. 적당하도록 조절하다 ② 어울리다. 균형이 잡히다

- 適(적) : ① 당연하다. 사리에 맞다. 알맞다 ② 가다. 이르다. 도달하다
- 戒(계) : ① 경계하다. 조심하고 주의하다 ② 불자가 지켜야 할 행동규범. 5계 10계 등 ③ 재계(齋戒)하다
- 修(수) : 닦다. 익히다. 배우고 연구하여 잘 알도록 하다
- 淨(정) : 깨끗하다. 물이 맑다
- 淨德(정덕) : 깨끗하게 잘 닦은 덕성(품성)
- 右(우) : 오른쪽(↔左)
- 脇(협) : 옆구리. 갈빗대
- 右脇(우협) : 오른쪽 옆구리
- 救(구) : 구하다
- 世間(세간) : 세상. 중생이 서로 의지하며 사는 세상
- 令(령) : 하여금. 하게 하다. 시키다
- 不令(불령) : …을 하지 않게 하다
- 母(모) : 어머니
- 苦(고) : ① 고통. ② 쓰다
- 惱(뇌) : 괴로워하다. 괴롭히다. 괴로움
- 苦惱(고뇌) : 고통스럽게 번민하는 것

해설

《전생담》에 보면 석가모니가 전생에 인행(因行)을 닦을 때 이름을 보명보살이라 하였다. 보명보살이 도솔천에서 흰 코끼리를 타고 염부제로 내려와 마야왕비의 오른쪽 옆구리로 태어났다. 이것이 우협탄생 설화이다. 부처님이 마야왕비의 오른쪽 옆구리로 태어났다는 뜻은 당시 인도 사회가 네 가지 계급 사회, 즉 카스트 제도 가운데 옆구리가 상징하는 크샤트리아 계층(귀족 계급)임을 상징한 것이다. 브라흐만은 입을 상징한 사제 계급이고, 바이샤는 배꼽을 상징한 평민 계급이고, 수드라는 발을 상징한 노예 계급이다.

부처님이 이 세상에 오신 뜻은 고통받고 있는 중생(苦輪衆生)을 구제하기 위해서 오신 것이다. 구세불(救世佛)이다. 중생의 고통을 없애주

기 위해서 부처님이 이 땅에 오셨다. 따라서 태어날 때 어머니에게 산고(産苦)를 주지 않기 위해서 무통 분만을 하였다. 이것을 상징한 것이 성탄수인 무우수(無憂樹 : 근심과 고통이 없는 나무)나무이다.

불교용어

- **齋**(재) : ① 재계(齋戒)하다. 몸과 마음을 깨끗이 하고 부정(不淨)한 일을 멀리하는 일이다. ② 때(불교에서 정오의 끼니때, 또는 새벽에서 정오까지의 동안) ③ 열심히 불도(佛道)를 닦다. 정진. ④ 명복(冥福)을 비는 불공(佛供).
- **菩薩**(보살) : ① 위로는 부처의 깨달음을 구하고 아래로는 중생을 교화하는 것을 목표로 수행하는 대승불교의 이상적인 인간상이다. ② 한국에서는 나이 많은 불교 여신도를 대접하여 이르는 말이다.
- **悲**(비) : 대자대비(大慈大悲)의 줄임말. 대비를 큰 자비로 함께 기뻐하는 마음이고, 대비는 중생의 아픔을 함께 슬퍼해주는 마음으로 보살의 마음이다.

한문문법

- **令**(령)
  ① 하여금. 하게 하다. 시키다. 부리다(使)와 함께 사역형(使役形)의 문장을 만든다.
  ② 가령. 만일. **예** 設令(설령)

③ 명령. 명령하다. 법령.

④ 우두머리. 장(長).

⑤ 令(령)은 '명령하다'는 뜻인데, 예를 들면 '不令而行(불령이행: 명령하지 않아도 잘한다)', '朝令夕改(조령석개: 명령하지 않아도 잘 한다)' 이로부터 '…하게 하다', '…에 …시키다'의 사역형 동사가 되었다. 예를 들면 '令行禁止(영행금지: 명령은 행하고, 금하는 것은 하지 않는다)'이다.

⑥ 연사(連詞)로서 가설을 나타내며, 구의 첫머리에 쓰이고, '가령 …한다면', '만약 …가 된다면'이라고 해석한다.

- '하여금'의 뜻을 가진 한자

① 使(사) : 남을 시켜서 그대로 하게 하다.

② 令(령) : 使보다 더욱 명령적이다.

③ 遣(견) : 使와 비슷하나, 뜻이 가볍다.

④ 敎(교) : 가르쳐서 하게 하다.

경전한문의 이해

- 인칭대명사

① 余(여) : 나(1인칭)

예 余嘗有志乎維新佛敎 : 나는 일찍이 우리 불교를 유신하는 문제에 뜻을 두었다. 《조선불교유신론》

② 我(아) : 나(1인칭)

㉕ 我今發願願往生 : 나는 지금 왕생극락을 원하는 발원을 합니다.《석문의범》
願我永離三惡道 : 나는 삼악도를 여의기를 원합니다.《천수경》

③ 吾(오) : 나 (1인칭)

㉕ 佛言 吾法念無念念 行無行行 言無言言 修無修修 : 부처님께서 말씀하셨다. 나의 법은 생각하되 생각함이 없이 생각하며, 행하되 행함이 없이 행하며, 말하되 말함이 없이 말하며, 닦되 닦음이 없이 닦는 것이다.《42장경》

④ 予(여) : 나 (1인칭)

㉕ 天喪予 天喪予 : 하늘이 나를 망하게 하였구나! 하늘이 나를 망하게 하였구나!《논어》

⑤ 汝(여) : 너 (2인칭)

㉕ 汝等諸人 各信自心是佛 此心卽佛 : 너희들(여러분), 각자 자기 마음이 부처임을 믿도록 하라. 이 마음이 바로 부처이다.《마조록》

⑥ 爾(이) : 너 (2인칭)

㉕ 是爾四大色身 不解說法聽法 脾胃肝膽 不解說法聽法 虛空 不解說法聽法 : 그대들의 4대로 된 몸은 법을 말할 줄도 들을 줄도 모르며, 오장육부도 법을 말하고 들을 줄 모르며, 허공도 법을 말하고 들을 줄 모른다.《임제록》

⑦ 他(타)·彼(피)·此(차)·其(기)·渠(거) : 그 사람 (3인칭)

㉕ 知彼知己 : 그(적)를 알고 나를 안다.
不得强知他事 : 억지로 남의 일을 알려고 하지 마라.《계초심학인문》

⑧ 渠(거) : 그들, 그것 (3인칭)

㉕ 佛入諸類與衆生作船筏 同渠受苦無限勞極 : 부처님은 모든 부류에 들어가 중생들에게 배와 뗏목이 되어 주고 그들과 함께 무한한 수고로움을 받아들인다.《백장록》

11

부처님의 사리를 열어 여덟 몫으로 균등하게 나누다

則開佛舍利 等分爲八分

則開佛舍利하여 等分爲八分하고
즉 개 불 사 리   등 분 위 팔 분

自供養一分하고 七分付梵志하다
자 공 양 일 분   칠 분 부 범 지

七王得舍利하여 歡喜而頂受하고
칠 왕 득 사 리   환 희 이 정 수

持歸還自國하여 起塔加供養하다
지 귀 환 자 국   기 탑 가 공 양

불소행찬

곧 부처님의 사리를 열어 여덟 몫으로 균등히 나누어

그 한 몫은 자기들이 공양하고 바라문에게는 일곱 몫을 주었네.

그 일곱 왕들은 사리를 얻어 기뻐하면서 공손히 받아

자기들 나라로 가지고 돌아가 탑을 이루어 공양을 더 하였네.

새로운 한자

- 開(개) : 열다
- 舍(사) : ① 집. 머무는 곳. 관청. 방 ② 살다. 거처하다. 묵다
- 利(리) : ① 날카롭다. 예리하다 ② 이득. 득
- 佛舍利(불사리) : 부처님의 유골(遺骨)
- 等(등) : ① 가지런하다. 같다. 동일하다 ② 등급. 구분하다. 차별. 계급 ③ 견주다. 비교하다

- 分(분) : 나누다
- 等分(등분) : 서로 같게 나누는 것. 그 분량
- 供(공) : ① 공물(供物). 공양하다 ② 이바지하다. 바치다
- 養(양) : 기르다. 자라게 하다. 젖을 먹이다
- 付(부) : ① 주다. 건네다(交付) ② 붙이다(=附) ③ 청하다. 부탁하다
- 志(지) : ① 뜻. 의향(意向). 마음 ② 바람. 희망
- 得(득) : 얻다
- 歡(환) : 기뻐하다. 즐거워하다. 기쁘게 하다. 좋아하여 사랑하다
- 喜(희) : 기쁘다. 기뻐하다. 즐겁다. 즐기다. 기쁨
- 而(이) : ① 말이음. ② 순접의 접속사(그리하여, …에서). 역접의 접속사(그러나, 그런데). ③ 및 …과
- 頂(정) : 정수리. 머리. 꼭대기. 소중히 받들다
- 受(수) : 받다. 얻다. 받아들이다
- 頂受(정수) : 물건을 머리 위까지 받들어 공손하게 받음
- 持(지) : 가지다
- 歸(귀) : 돌아가다
- 還(환) : ① 돌아오다. 복귀하다 ② 돌려보내다 ③ 도리어. 또. 다시
- 自國(자국) : 자기 나라
- 起(기) : 일어나다. 일으키다
- 加(가) : ① 더하다. 더 보태어 많게 하다 ② 더 심하여지다

해설

부처님이 돌아가신 후 화장된 유골은 숭배의 대상으로 쟁취의 움직임이 있었다. 도오나 바라문의 중재로 여덟 부족(마가다국의 아자타사투왕, 카필라국의 석가족, 알라캅파의 부리족, 라마그라마의 콜라족, 베타두비파의 바라문, 파바의 말라족, 구시나가라의 말라족)에게 골고루 나눠지고, 도오나 바라문에게는 유골을 담았던 병이 주어졌으며, 분배가 끝나고 도착한 모오리야족에게는 화장터의 재가 전해졌다. 돌아간 여덟 부족은 사리탑을 건립하였고, 도오나는 병탑(瓶塔)을, 모오리야족은 회탑(灰塔)을 건립하였다.

불교용어

- **塔**(탑) : 범어 Stupa(스투파)를 정식으로 탑파(塔婆)라고 음역하였다. 석존의 사리는 여덟 곳에 나누어 탑을 쌓았고, 2~3세기 무렵에는 아쇼카왕이 팔만사천의 탑을 쌓았다고 한다. 중국에서는 벽돌로 만든 전탑(塼塔), 한국에서는 석조탑(石造塔), 일본에서는 목조탑이 특수하게 발달하였다.

- **舍利**(사리) : 범어 sārira(사리라)의 음역이고 신체(身體) · 유신(維新)이라 번역한다. 뼈 · 유골을 가리키는 말이었는데, 후대에는 영롱한 구슬을 가리키는 말이 되었다. 사리는 숭배의 대상이 되어 사리탑이 만들어지게 되었고, 사리 숭배가 제일가는 복전(福田)이 된다고 한다.

- **供養**(공양) : ① 부모나 조부모를 봉양(奉養)함. ② 부처 또는 죽은 사람에게 음식 · 꽃 · 향 따위를 바치다.

- **梵**(범) : ① 범어(인도의 고대어). 범어 Brama(브라마)의 음역. ② 바라문교를 신봉하는 인도의 귀족. ③ 더러움이 없는 청정하는 뜻. ④ 부처. 천축(天竺)이나 불교에 관한 것임을 나타내는 말.

- **梵志**(범지) : 범어 Brahmacarin의 의역으로 범사(梵土)라고도 쓴다.

- **歡喜**(환희) : 크게 기뻐함. 불법을 듣고 몸과 마음이 즐겁고 기쁨. '歡(환)'은 몸의 기쁨, '喜(희)'는 마음의 기쁨을 뜻한다.

- **아쇼카왕**(BC 268~232)**의 팔만사천 불탑** : 불멸 100년 후 아쇼카왕은 불교의 전파를 위해 포교사를 각지에 파견하고 아울러 여덟 곳에 있는 부처님 사리탑 가운데 라마그라마탑을 제외한 나머지 일

곱 곳에 모셔져 있던 사리를 분골하여 전 인도에 수많은 사리탑을 세웠다.

《육왕전》에 의하면 '아육왕(아쇼카왕)이 팔만사천 개의 보물함을 만들고 그 각각에 사리 한 개를 담아 하나의 사리함을 한 명의 야차(夜叉)에게 주고는 염부제에 고루 나아가게 하여 인구 1억 명이 되는 곳마다 보탑(寶塔) 하나씩을 일으키게 하였다'고 하였다.

한문문법

- **卽**(즉)
  ① 곧.
  ② 법. 자연의 이법. 규칙. 법률. 제도. 표준('칙'으로 발음한다).
  ③ 어조사. ㉠ …하면. …할 때에는. ㉡ 은. …에 이르러서는. ㉢ 만일 …이라면. **예** 過則勿憚改 : 만일 허물이 있으면 고치기를 꺼리어 피하지 말라.

경전한문의 이해

- **於의 용법**
  ① 어조사(于). ㉠ …에. …에서(어구 중에서 처소격 조사의 구실을 한다) **예** 於一切境上 不染 名爲無念 : 모든 경계 위에서 물들지 않음을 무념이라 이름하느니라.《돈황본 단경》
  ㉡ …에서. …에게서(어구 중에서 유래격 조사의 구실을 한다) ㉢ …보다. …보다 더 (어구 중에서 유래격 조사의 구실을 한다). **예** 財色之禍 甚於毒蛇 省己知非 常須遠離 : 재물과 여

색의 화는 독사보다도 더 무서우니 자기를 반성하고 어떤 잘못이 있는지를 알아서 항상 멀리해야 하느니라.《계초심학인문》 ㉣ …을. …를(구 중에서 목적격 조사의 구실을 한다) ㉤ …에게. …한테(구 중에서 與格조사의 구실을 한다) ㉥ …까지(구 중에서 到及 보조사의 구실을 한다) ㉦ 발어(發語)의 조사(접두어 구실을 한다).

② 있어서. 있어서 …하다.

③ 이에. 이에 있어서.

④ 탄식하다.

⑤ 까마귀.

2 대승경전

1

《금강경》
이와 같이 내가 들었다

如是我聞

如是我聞하였으니 一時에 佛이 在舍衛國祇
여시아문　　　　　　일시　　불　　재사위국기

樹給孤獨園에서 與大比丘等과 千二百五十
수급고독원　　　여대비구등　　천이백오십

人俱하였다 爾時에 世尊이 食時에 着衣持鉢
인구　　　　이시　　세존　　식시　　착의지발

하고 入舍衛大城하여 乞食하였다 於其城中
　　　입사위대성　　　걸식　　　　어기성중

에 次第乞已하고 還至本處하고 飯食訖하고
　　차제걸이　　　환지본처　　　반식흘

收衣鉢하고 洗足已하고 敷座而坐하였다
수의발　　　세족이　　　부좌이좌

이와 같이 내가 들었다. 어느 때 부처님께서 사위국 기수급고독원에 큰 비구들 1,250명과 함께 계셨다. 그때 세존께서 밥을 먹을 시간(食時)이 되자 가사를 입으시고, 발우를 드시고 사위성으로 들어가, 그 성 안에서 밥을 빌으셨다. 차례로 다 빌고는 본래의 처소로 돌아와 식사를 잡수시고 나서, 가사와 발우를 거두시고 발을 씻고는 자리를 펴고 앉으셨다.

새로운 한자

- 一時(일시) : 어느 때
- 俱(구) : ① 함께. 다. 모두 ② 갖추다. 갖다
- 着衣持鉢(착의지발) : 옷을 입고 발우를 지니다
- 乞(걸) : 빌다. 빌어먹다. 구하다
- 已(이) : ① 이미. 벌써 ② 그치다. 말다. 그만두다. 끝나다
- 已而(이이) : 그만두자. 그치다. '已(이)'는 '그침'의 뜻이고, '而(이)'는 감탄 조사
- 飯(반) : 밥
- 次第(차제) : 순서
- 訖(흘) : ① 이르다. 이르기까지 ② 마치다. 그치다. 끝나다
- 收(수) : 거두다. 거두어들이다. 수확을 얻다
- 洗(세) : 씻다
- 敷(부) : ① 펴다. 넓게 깔거나 버리다. 널리 베풀다 ② 나누다. 분할하다 ③ 두루. 널리
- 座(좌) : 자리. 앉거나 눕는 자리

해설

위 글은 《금강경》이 처음 시작되는 부분이다. 아난존자가 부처님께서 이 경전을 말씀하시게 된 동기를 회상하면서 한 말이다. 부처님의 설법을 가장 잘 기억하는 아난존자가 "나는 이와 같이 들었습니다"라고 하여 자신은 부처님으로부터 틀림없이 들었을 뿐이지 결코 자신의 견해가 아니라는 사실을 밝힌 것이다.

어느 경전이나 첫 부분에 '언제, 누가, 어디서, 누구와, 무엇을, 어떻게 했다'는 형식의 글이 있다. 이것을 육성취(六成就)라고 한다. 육성취란 여섯 가지 조건이 구비됨으로써 부처님 말씀에 대한 믿음이 구체적으로 이루어진다는 뜻이다. 《금강경》의 육성취가 나타나 있다.

불교용어

- **如是我聞**(여시아문) : 불교경전 처음에 놓는 말. 경전을 편찬할 때 부처님 말씀을 가장 많이 듣고 기억한 아난존자가 "이와 같이 내가 들었다"고 하여 자신은 들었을 뿐이지 결코 자신의 견해가 아니라는 것을 밝힌 말이다.

- **舍衛國**(사위국) : 중인도 코살라국의 수도이다. 부처님 당시에 파사익왕과 유리왕이 살았으며, 성의 남쪽에 기수급고독원(기원정사)이 있었다. 남쪽의 코살라국과 구별하기 위하여 성 이름을 나라 이름으로 한 것이다.

- **祇樹給孤獨園**(기수급고독원) : 중인도 사위국에 있는 절이다. 보통 기원정사(祇園精舍)라고 부르는데, 부처님께서 대승경전인 《마하반야바라밀다경》을 설하는 곳으로 유명하다. 이곳은 본래 파사익왕의 태자 기타(祈陀)가 소유한 숲인데, 급고독(給孤獨)장자가 그 숲을 사서 부처님께 바쳤으므로, 두 사람의 이름을 합하여 절 이름을 지었다.

- **袈裟**(가사) : 범어 'Kāsaya'의 음역으로 부처님이나 제자들이 입는 법복이다. 세속 사람이 버린 헌 옷을 주어다 빨아서 지은 가사를 분소의(糞掃衣)라 한다. 이 헌옷의 조각 조각을 기워 모아서 만든 옷이므로 납의(衲衣)라고도 부른다. 비구가 이 옷을 입는 것은 탐심을 여의기 위한 것이다. 무구의(無垢衣)·공덕의(功德衣)라고도 한다.
가사는 승려가 장삼(長衫) 위에 왼쪽 어깨에서 오른쪽 겨드랑이 밑으로 걸쳐 입는 법의(法衣)이고, 장삼(長衫)은 검은(혹은 회색) 베로 길이가 길고 소매를 넓게 만든 웃옷이다. 한국·중국·일본 등의 날씨가 추운 나라에서는 법의인 가사와 구별하여 두꺼운 웃옷인 장삼을 입었다. 그래서 가사장삼이란 승려복의 이름이 생긴 것이다.

- **千二百五十人**(천이백오십인) : 부처님이 《금강경》을 설할 당시 함께 있던 제자가 처음에 교진여 등 5비구와 가섭파 등 삼 제자와 그 제자를 합친 1,000명이 제도되었고, 사비루 등 200명이 제도되었고, 마지막으로 야사 등 50명이 제도되어 정확히 1,255명이지만 일반적으로 부처님 당시의 최초의 제자가 1,250명으로 기록되고 있다. 특히 경전에서 부처님이 설법할 때 함께 자리를 한 제자가 1,250비구로 되어 있다.

- **食時**(식시) : 식사할 시간. 계율에 의하면 아침에서 정오까지를 제한하고, 이때를 지나면 비식시(非食時)라 하여 금한다. 밥 때는 사시(巳時), 즉 9시~11시 사이다. 부처님께서 공양하실 때 올리는 불공을 사시공양, 사시불공이라고 한다.

- **比丘**(비구) : 범어 Bhaiksu의 음역. 남자로서 출가하여 걸식으로 생활하는 승려로 250계를 받아 지니는 수행자. 비구를 걸사(乞士)라고 번역함은 비구는 항상 밥을 빌어(탁발) 깨끗하게 생활하기 때문이다.

- **鉢盂**(발우) : 비구의 밥그릇. 속칭으로 바루, 바리때, 바릿때라고도 한다. 발우는 발다라(鉢多羅 : Patra)의 우리말인데, 한자로는 '응량기(應量器)'라 번역한다. 분량과 색깔이 모두 법도에 맞는 그릇이라는 뜻이다.

- **托鉢**(탁발) : 손에 발우를 들고, 일곱 집(七家食)을 돌면서 먹을 것을 얻

는 것. '밥을 빌다(탁발)'함은 부처님과 승단의 생활이 걸식(乞食)으로 유지하게 되어 있었기 때문인데, 밥을 빌어먹다 보면 많은 사람을 상대하게 되고, 또 자기 자신의 교만한 마음을 제거하였고, 신도에게는 보시 공덕을 심어 주었다.

한문문법

- **與**(여) : ① 주다. 베풀다. ② 동아리. 무리. ③ ~와. ~과. 및. ④ 함께. ⑤ ~를 따라. ⑥ 같이 하다. 같게 하다. ⑦ 비교를 나타내는 조사. ⑧ ~에. ~에게(=於). ⑨ 조사로 의문 · 반어 · 감탄을 나타낸다. ⑩ 부사로 '擧(거)'와 통하고 말하는 범위 내에서 예외가 없는 것을 나타내며 동사 앞에 쓰인다. '완전히', '모두'라고 해석한다. ⑪ 개사(介詞)로 동작 행위의 동반자를 이끌어 내고 조성된 결구는 상어(狀語)나 보어가 된다. '…와', '…와 더불어', '…와 함께' 라고 해석한다. **예** **與民同樂** : 임금이 백성과 더불어 함께 즐김

경전소개

- **금강경**(金剛經)

《금강반야바라밀다경》의 줄임말. 다이아몬드, 즉 금강같이 굳건한 지혜로 생사의 강물을 건너 평화로운 저 언덕에 이르는 법을 말씀한 경이란 뜻이다. 이 경의 주요 사상은 '공(空)'으로, 모든 집

착의 굴레를 벗어나는 지혜를 얻는 데 있다. 이것을 반야지혜라고 한다. 우리나라 대한불교 조계종의 소의경전으로 가장 널리 읽히는 대승경전이다.

부처님께서 《금강경》을 설하신 목적은 공의 이치를 깨달아서 얻는 반야지혜(般若智慧)를 통해서 부처가 되고, 애착과 집착으로부터 오는 고통에서 해방되기 위한 것이다. 반야지혜(般若智慧)는 선정(禪定)으로부터 생긴다. 불교의 수행법은 계율(戒)·선정(定)·지혜(慧) 즉, 삼학(三定)이 기본이 된다.

보충자료

- **육성취**(六成就)

어느 경전이나 첫머리가 '언제·누가·어디서·누구와·무엇을·어떻게 했다'는 형식의 글이 있다. 경전을 읽는 사람에게 믿음을 주기 위한 것이다. 이 부분을 증신서(證信序 : 말씀을 인증하는 부분)라 하는데, 대체로 여섯 구분이 있어 육성취의 법이라 한다.

육성취란 여섯 가지 조건이 구비됨으로써 부처님의 말씀에 대한 믿음이 구체적으로 이루어진다는 뜻이다. 이 여섯 가지는 마치 현대 논리학의 육하원칙과 같다.

첫째, '이와 같이'는 틀림없다는 뜻인 신성취(信成就)이다.
둘째, '내가 들었다'는 부처님의 설법을 들었다는 문성취(聞成就)이다.
셋째, '어느 때(一時)'는 설법하신 시간인 시성취(時成就)이다.

넷째, '부처님(佛)'은 설법의 주체인 주성취(主成就)이다.

다섯째, '사위국 기수급고독원'은 설법하신 장소인 처성취(處成就)이다.

여섯째, '1,250비구'는 함께 설법을 들은 대중으로 중성취(衆成就)이다.

즉, 믿음(信)의 성취, 들음(聞)의 성취, 설법한 때(時)의 성취, 경전을 설한 사람(主)의 성취, 경전을 설한 장소(處)의 성취, 경전을 묻는 대상인 대중(衆)의 성취를 말한다. 이 여섯 조건이 이루어져야 부처님의 설법이 성립하므로 육성취라 한다. 모든 경전의 처음 시작이 이와 같이 시작한다. (월운 《금강반야바라밀경 강화》, 김승동 《불교사전》 참조)

2. 無住相布施

《금강경》
아무런 집착도 없이 보시하라

須菩提야 菩薩이 無住相布施하는
수보리   보살   무주상보시

福德도 亦復如是하여 不可思量이다
복덕   역부여시   불가사량

須菩提야 菩薩은 但應如所教住한다
수보리   보살   단응여소교주

수보리야, 보살이 형상(사물)에 집착하지 않고 보시하는 공덕도 역시 그와 같아서 헤아릴 수 없이 크다. 수보리야, 보살은 마땅히 이렇게 가르쳐 준대로만 마음이 머물러야 한다.

새로운 한자

- 住(주) : 머물다. 머무르다. 살다. 거처
- 亦復(역부) : 역시
- 如是(여시) : 이와 같이
- 不可思量(불가사량) : 그 양을 헤아릴 수 없음
- 但(단) : ① 다만. 혼자. 홀로 ② 오로지 ③ 무릇. 부질없이. 헛되이
- 應(응) : ① 당하다. 감당하다. 직접 만나거나 겪다 ② 응당 …하여야 한다(추량·당연·지정 등의 뜻을 나타낸다)
- 所(소) : ① 일정한 곳이나 지역(=處) ② 지위. 자리. 위치

해설

가장 큰 공덕은 이웃에게 베푸는 보시이다. 보시는 자비심이 바탕이 된다. 사람을 사랑하지 않으면 남에게 베풀 수 없다. 보살의 자비로운 마음이 보시를 통해서 나타난다. 보시에는 물질적으로 베풀어주는 재시(財施)와 진리를 설해주는 법시(法施) 그리고 두려움을 없애주는 무외시(無畏施)가 있다. 《금강경》은 공사상을 설한 경전이다. 공사상은 모든 것은 실체가 없어 허망한 것이니 집착하지 말라는 무주(無住)·무상(無相)·무심(無心)사상이다.

보살이 실천해야 할 최고의 보시는 집착함 없이 베풀어 주는 무주상보시이다. 무주상보시가 최고의 공덕이 있다. 무주상보시는 보살이 할 수 있는 최고 수준의 보시이다.

불교용어

- **須菩提**(수보리) : 부처님의 10대 제자 가운데 한 사람으로 부처님께 공(空)의 이치에 대하여 질문을 한다. 온갖 법이 공(空)한 이치를 깨달은 첫째가는 제자로서 해공제일(解空第一)이라고 한다. 《반야경》에 등장하여 부처님께 공의 세계에 대하여 질문한다.
- **應無所住 而生其心**(응무소주 이생기심) : '마땅히 머무름(집착)이 없이 그 마음을 일으키다'는 뜻으로 《금강경》의 핵심 사상을 나타낸 말이다. 집착함이 없이 마음을 일으킨다는 뜻은 마음이 외경(外境)을 대

할 때 선입견이나 편견에 얽매이지 않고 그대로 여실(如實)하게 본다는 말이다. 집착하는 마음으로 사물을 보고 생각하면 잘못 볼 수가 있다. 그러면 문제가 발생하고 고통이 따르게 된다.

- **相**(상) : ① 외계(外界)에 나타나 마음의 상상(想像)이 되는 사물의 모양. ② 특질·특징·양태(樣態)·양상(樣相)·성질·상태(狀態)·경지(境地)·실질(實質)
- **無住相**(무주상) : 형상에 머무르지 않음. 공의 이치를 깨달아 형상이나 물질에 집착하지 않음.
- **布施**(보시) : 육바라밀의 첫 번째 덕목으로 베풀어 주는 보살의 실천행. '포시'라고 읽지 않고 '보시'라고 읽는다.

3

《금강경》
모든 것은 허망하다

凡所有相 皆是虛妄

佛이 告須菩提하기를
불 고 수 보 리

所有相이 皆是虛妄하니
소 유 상 개 시 허 망

若見諸相이 非相하면 則見如來한다
약 견 제 상 비 상 즉 견 여 래

부처님께서 수보리에게 말씀하셨다.

"온갖 겉모양은 모두가 허망하니

모든 모양이 모양이 아닌 줄 알면 바로 여래를 본다."

새로운 한자

- 皆(개) : 모두(=悉)
- 告(고) : 알리다. 일정한 일에 대하여 알리다. 공식적으로 발표하다. 아뢰다. 여쭈다. 말하다
- 虛妄(허망) : 어이가 없고 허무함. 거짓이 많아서 미덥지 않음
- 諸(제) : ① 모든. 여러 ② 어조사(어세를 강하게 하는 發語辭) ③ …에게. …에서(=於)
- 如來(여래) : 석가모니 여래의 준말. 부처님의 별칭
- 空(공) : 비어 있음. 자성(自性)이 없음
- 相(상) : ① 서로. ② 형상(色)
- 凡(범) : ① 무릇(대강·개요). 대체로 ② 모두. 다. ③ 보통의. 속(俗)된
- 是(시) : ① ~이다 ② 이(것)
- 若(약) : 만약
- 則度(칙도) : 법(法). 표준. 법도(法度)
- 則(즉) : ① 곧. 어조사. …하면. …할 때에는. ② 법·규칙. 자연의 이법(※'칙'으로 발음)

해설

《금강경》의 핵심 사상은 공(空)사상 즉, 무아(無我)사상이다. 《금강경》은 600권 《반야경》 가운데 하나의 경전이다. 또 《금강경》을 요약한 경전이 《반야심경》이며, 《반야심경》을 요약하면 '오온개공(五蘊皆空)'이고, '색즉시공(色卽是空)'이다. 경전의 핵심 내용을 요약한 것을 사구게(四句偈)라고 한다. 《금강경》에는 사구게가 있다. 《금강경》의 공 사상을 사구(四句)로 요약한 것은 다음과 같다.

① 凡所有相(범소유상) 皆是虛妄(개시허망) 若見諸相非相(약견제상비상) 卽見如來(즉견여래)

② 不應住色生心(불응주색생심) 不應住聲香味觸法生心(불응주성향미촉법생심) 應無所住(응무소주) 而生其心(이생기심)

③ 若以色見我(약이색견아) 以音聲求我(이음성구아) 是人行邪道(시인행사도) 不能見如來(불능견여래)

④ 一切有爲法(일체유위법) 如夢幻泡影(여몽환포영) 如露亦如電(여로역여전) 應作如是觀(응작여시관)

불교용어

- **공(空)** : 세상에 존재하는 모든 현상체는 그 자신이 가지고 있는 고유한 성질이 없다. 즉, 실체가 없다. 여러 가지 요소들이 인연 따라 모여서 형상을 이룰 뿐, 인연이 끝나면 모두가 흩어지고 만다. 이

것이 진리이다. 제법실상(諸法實相)이 공이요 무아(無我)이다.

《금강경》에서 '모든 현상은 꿈과 같고, 거품과 같고, 번개와 같다. 모든 것은 자기 고유의 본성과 실체가 없다. 무아요 무자성(無自性)이다'라고 설하였다.

현상계의 모든 사물들이 자기의 고유한 진짜 모습이 없고, 여러 가지 요소들이 모여서 거짓 모습(假有)으로 형상을 이루고 있음을 여실히 알고 집착하는 마음에서 벗어나는 것을 반야지혜라고 한다.

《반야경》은 부처님께서 21년 동안 물질에 집착하는 중생들의 유병(有病)을 깨우쳐주기 위해서 공의 도리를 설한 공경(空經)이다. 공은 근본불교 교리의 무아(無我)사상과 같은 말이다. 삼라만상의 모든 현상은 그 실체가 없으므로 있다(有)고 말할 수 없다(非有의 상태). 그렇다고 전혀 없는 것은 아니다. 가짜의 모습이라도 있음으로 없다(無)고 할 수 없는 비무(非無)의 상태이다. 즉 있다고도 할 수 없고, 없다고도 할 수 없는 상태인 가유(假有) 상태로 묘하게 있다고 해서 진공묘유(眞空妙有)라고 표현한다.

- **相好**(상호) : ① 서로 좋음. ② 용모(容貌). 인상(人相). ③ 부처님의 모습의 독특한 특징인 32상(相) 80종호(種好)를 나타냄.

읽기자료

- **사구게**(四句偈) : 경 하나에는 여러 게송이 나오는 것이 상례이나,

그중에서 가장 그 경을 대표할 만한 것 하나를 골라 그 경의 사구게 또는 제일사구게(第一四句偈)라 한다.

예컨대 《화엄경》의 제일사구게는 '若人慾了知(약인욕요지) 三世一切佛(삼세일체불) 應觀法界性(응관법계성) 一切唯心造(일체유심조)'이다.

《법화경》의 제일사구게는 '諸法從本來(제법종본래) 常自寂滅相(상자적멸상) 佛子行道已(불자행도이) 來世得作佛(래세득작불)'이다.

《열반경》의 제일사구게는 '諸行無常(제행무상) 是生滅法(시생멸법) 生滅滅已(생멸멸이) 寂滅爲樂(적멸위락)'이다.

4. 若以色見我 不能見如來

《금강경》
겉모양에서 부처를 찾으면 여래를 보지 못한다

爾時에 世尊이 而說偈言하기를
이 시   세 존   이 설 게 언

若以色見我하거나 以音聲求我하면
약 이 색 견 아   이 음 성 구 아

是人行邪道이니 不能見如來니라
시 인 행 사 도   불 능 견 여 래

그때 세존께서 게송으로 말씀하셨다.

"겉모양에서 부처를 찾거나 목소리(음성)으로써 부처를 구한다면 이 사람은 삿된 도를 행한 것이니 끝끝내 여래를 보지 못하리라."

새로운 한자

- **偈(게)** : ① 송(頌:부처를 기리는 노래) ② 쉬다. 휴식하다
- **偈頌(게송)** : 부처의 공덕을 찬양하는 노래
- **色(색)** : ① 빛. 빛깔. 얼굴빛 ② 색채 ③ 모양. 상태
- **邪(사)** : 간사하다. 옳지 아니하다. 위배되다. 어긋나다
- **若(약)** : ① 같다 ② 만약. 가령
- **以(이)** : ① 써. …로써. …가지고(목적·수단·원인·이유 등을 특히 지시하여 말할 때 쓴다) ② 까닭(=由)
- **是(시)** : ① 옳다. 바르다. 바르다고 인정하다 ② 이것. 여기(=此)

해설

《금강경》 사구게의 내용이다. 참된 부처의 모습은 모양이나 음성이 아닌 진리의 법신(法身)이다. 부처님의 신체적 특성을 나타낸 32상 80종호를 통해서 참다운 부처의 모습(眞相)을 찾을 수가 없다. 설법을 통해서도 여래의 참다운 모습을 찾을 수가 없다.

부처님의 참된 모습은 공(空)하기 때문에 실체가 없다. 모양도 없고, 색깔도 없고, 소리도 없다. 형상의 모습이나 음성을 통해서 부처를 찾으려는 사람은 어리석은 사람이다. 삿된 도를 행한 사람이기 때문에 여래의 모습을 찾을 수가 없다.

한문문법

- **若**(약) · **如**(여) : 若 · 如는 사실 · 행위 등을 가정해 결과를 예견시키는 부사로서 가정문을 만든다. '만일(만약)', '…와 같다' 등으로 해석한다.

  > 若不學 無所望 : 만일 배우지 않는다면 바랄 것이 없다.
  > 若欲修行 在家亦得 不由在寺 : 만약 수행하기를 바란다면 세속(재가)에서도 가능한 것이니, 절에 있다고만 되는 것이 아니다. 《돈황본 단경》
  > 若佛子 見一切疾病人 常應供養 如佛無異 八福田中 看病福田 是第一福田 : 만약 병든 이를 보거든 마땅히 부처님과 같이 항상 공양하라. 병든 이를 간호하는 것이 여덟 가지 복전 가운데 제일이다. 《범망경》

- **爾**(이)

① 너(2인칭대명사). 상대방을 부르는 말. 같은 말로 汝(여) · 女(여) · 而(이)가 있다.

② 그(彼).

③ 뿐(耳 · 而 · 已).

④ 어조사로 의문의 뜻을 나타내며, 乎(호)와 같다.

5

《금강경》

온갖 유위법은 꿈과 같고 그림자 같다

一切有爲法 如夢幻泡影

一切有爲法이 如夢幻泡影하고
일체유위법   여몽환포영

如露亦如電하니 應作如是觀하라
여로역여전   응작여시관

온갖 유위의 법은 꿈과 같고, 환상과 같고,

물거품 같고, 그림자와 같고, 이슬 같고,

번개와 같으니 마땅히 이와 같이 관찰하여라.

새로운 한자

- 一切(일체) : 모든 것. 온갖
- 有爲(유위) : 여러 인연으로 말미암아 생기는 생멸무상(生滅無常)의 현상
- 法(법) : ① 불교의 존재. 부처님의 가르침 ② 존재. 사물 ③ 물질과 정신의 모든 것 ④ 인식작용이나 의식의 대상 등 법에는 여러 가지 뜻이 있다
- 夢(몽) : 꿈
- 幻(환) : ① 변하다. 변하여 바뀌다 ② 허깨비 ③ 요술
- 幻泡(환포) : 허깨비와 물거품이란 뜻으로, '덧없음'을 비유하여 이르는 말
- 泡(포) : 거품. 물거품
- 影(영) : 그림자. 물체에 광선이 비치어 나타난 그림자
- 露(로) : 이슬
- 電(전) : 전기. 전깃불
- 觀(관) : 보다
- 如(여) : 같다. 다르지 아니하다. …인 것 같다
- 亦(역) : ① 또. 또한(=又) ② 모두. 다 ③ 크게. 대단히
- 應(응) : 응당 …하여야 한다
- 如是(여시) : 이와 같이

해설

일체의 모든 존재는 꿈과 같고 환상과 같고 물거품과 같고 그림자와 같다. 또한 이슬과 같고 전깃불과 같다. 마땅히 이와 같이 관조(觀照)해야 한다.

《금강경》 사구게의 내용이다. 공사상을 여섯 가지 비유를 통해서 표현하고 있다. 인연으로 말미암아 생기는 모든 현상의 세계는 꿈과 같고, 환상과 같고, 물거품과 같이 실체가 없는 공이다.

우리의 인생도 꿈과 같고 이슬과 같고 번개와 같이 허부하고 덧없는 것이다. 백 년을 살 수 없는데도 천 년을 살 것처럼 집착하며 욕심으로 살아간다.

《금강경》
몸의 형상을 통해서 여래를 볼 수 없다

可以身相 見如來不

須菩提야 於意云何인가 可以身相으로
수보리   어의운하   가이신상

見如來不인가 不也이다 世尊이시여
견여래불   불야   세존

不可以身相으로 得見如來이니 何以故인가
불가이신상   득견여래   하이고

如來所說身相은 卽非身相이다
여래소설신상   즉비신상

"수보리야, 너의 생각은 어떠하냐? 몸의 형상을 통해서 여래를 볼 수 있겠느냐?"

"못합니다. 세존이시여, 몸의 형상을 통해서는 여래를 볼 수 없습니다. 무슨 까닭인가 하오면, 여래께서 몸의 형상이라고 말씀한 것은 몸의 형상이 아니기 때문입니다."

새로운 한자

- 可以(가이) : …으로써 가능하다
- 見(견) : 보다
- 身相(신상) : 몸의 모양(형상)
- 如來(여래) : 부처님
- 見如來不(견여래불) : 여래를 볼 수 있느냐? 못 보느냐?(※'不'이 문장의 맨 뒤에 붙어서 의문형을 만든 것이다)

- 世尊(세존) : 여래십호 가운데 하나인 '佛世尊(불세존)'의 준말
- 不可(불가) : 불가능하다
- 何以故(하이고) : 무슨 까닭인가?
- 卽非(즉비) : 곧 …이 아니다
- 得見(득견) : 보고서 얻다. 확실히 알다. 깨닫다
- 所說(소설) : 말한 것. 말한 바

해설

부처님의 모습은 32상(三十二相)을 갖추신 분이다. 그러나 32상 이 또한 공한 것이다. 형상이 있는 것(凡所有相)은 모두가 실체가 없는 허망한 것(皆是虛妄)이기 때문이다. 따라서 진정한 여래를 보려면 모든 형상(若見諸相)이 형상이 아닌 줄을 알아야(非相) 여래를 볼 수 있다(則見如來).

32상으로는 진정한 여래를 볼 수 없다. 이런 의문을 풀어 주기 위하여 부처님이 수보리에게 "몸의 형상(32相)으로서 여래를 볼 수 있겠느냐?"고 물으셨다. 묻지도 않은 것을 자진해서 말씀해 주는 무문자설(無問自說) 형식의 물음이다. 이것을 묵문현답(默門顯答)이라고도 한다.

여기서 "몸의 형상으로써 여래를 볼 수 있겠느냐?"라고 하신 것은 수보리에게 실은 '그럴 수 없다'는 의지를 강력히 보여서 대답에 대신하는 대화법이다. 《금강경》 사구게에서는 "온갖 겉모양이 모양이 아닌 줄 알면 참 여래를 본다"고 설하고 있다.

읽기자료

- **즉비(卽非)의 논리**

《금강경》의 특유한 어법 가운데 'A 卽非 A, 是名 A'라는 논리형식이 있다. 'A는 A이면서 동시에 A가 아니다. 이를 이름하여 A라고 한다.' 이러한 논리를 일본의 영목대졸(鈴木大拙) 선생은 '즉비의 논리'라고 이름하였다.

《금강경》의 논리는 결국 반모순률(反矛盾律)의 입장이다. 모순율은 A는 A이면서 동시에 非A일 수는 없다는 서양 논리의 한 원칙이다. 이러한 논리법칙을 《금강경》은 부정하고 있다. 오히려 모순의 성립에서 《금강경》의 논리는 출발하고 있는 것이다. (대한불교조계종 교육원 편역 《조계종 표준 금강반야바라밀경 : 주석본》 참조)

7

《능엄경》
사위성의 기원정사

室羅筏城 祇桓精舍

如是我聞하였으니 一時에 佛在室羅筏城의
여시아문　　　　　　일시　　　불재실라벌성

祇桓精舍에서 與大比丘衆과 千二百五十
기환정사　　　　여대비구중　　　천이백오십

人俱하니 此是無漏의 大阿羅漢이다
인구　　　차시무루　　대아라한

이와 같이 내가 들었다. 어느 때 부처님께서 실라벌성(사위성) 기환정사(기원정사)에서 큰 비구들 1,250명과 함께 계셨는데, 모두가 번뇌가 없어진 무루(無漏)의 큰 아라한들이다.

새로운 한자

- 室羅筏城(실라벌성) : 사위성
- 室(실) : 집. 건물. 방
- 筏(벌) : 떼. 뗏목. 바다 가운데 있는 큰 배
- 祇桓(기환) : '기타(祇陀)' 태자의 음역인데, 기원정사를 뜻함.
- 精舍(정사) : ① 절. 사원. '정사(精舍)'는 '정련행자(精練行者)가 있는 곳'이라는 뜻. 정사는 정련(精練)한 수행자가 있는 집이란 뜻으로 절을 일컫는 말이다. 가람(伽藍), 사원(寺院), 승원(僧園), 중원(衆院) 등으로 불린다 ② 학문을 가르치려고 베푼 집. 학교
- 精(정) : ① 정미. 쓿은 쌀 ② 쓿다. 밝고 자세하다. 맑다
- 無漏(무루) : 세지 않다. 번뇌가 없다(↔有漏)
- 漏(루) : ① 세다. 틈으로 세다. 구멍 ② 번뇌의 다른 이름이다. 번뇌가 제어가 되지 않고 '샌다'는 뜻이다.

해설

《능엄경》의 첫 문장이다. 여느 경전과 마찬가지로 '여시아문(如是我聞)'으로 시작되고 있다. 《금강경》과 다른 것은 사위국(舍衛國)을 실라벌성(室羅筏城)으로 표기하고, 기수급고독원(祇樹給孤獨園)을 기환정사(祇桓精舍)로 표기한 것이다. 보통 기수급고독원은 '기원정사(祇園精舍)로 표기한다.

기원정사는 대승경전인 《마하반야바라밀다경》을 설한 장소로 유명하다. 《능엄경》의 설법처가 기원정사로 되어 있다. 《능엄경》은 교리가 정연하게 서술되어 있고, 특히 선사상에 부합되는 교법이 잘 나타나 있어서 중국이나 한국의 선종에서 매우 중요시한 경전이나 범어 원전이 없고, 중국에서 만들어진 위경이라고 한다.

불교용어

- **阿羅漢**(아라한) : 범어 arhat(아라하트)의 음역으로 '응공(應供)'이라고 한역한다. '공양을 받는 데 적합한 사람'이라는 의미이다. 소승불교에서 깨달음을 얻은 최고의 경지에 이른 분이다.
- **室羅筏城**(실라벌성) : 범어 Śrāvartí(스라바티) 사위성(舍衛城)이라고도 음역한다. 중인도 코살라국(憍薩羅國)의 수도로써 부처님 당시에는 파사익왕(波斯匿王)과 유리왕(琉璃王)이 있었다.
- **祇桓精舍**(기환정사) : 기환(祇桓)은 범어 Jeta(제타)의 음역으로 기타(祇陀)와 같은 이름이다. 파사익왕의 태자로 그의 숲을 급고독장자에게

팔아서 '기원정사'를 지어서 부처님께 기증하였다. 기환정사는 급고독원(給孤獨園) 즉, 기원정사(祇園精舍)를 말한다.

경전소개

- **능엄경**(楞嚴經)

《대불정여래밀인수증다라요의제보살만행수능엄경》의 약칭이다. 이 경은 중인도 나란타사의 비장본이었는데, 당나라 반자밀제가 705년, 10권을 번역하여 유포했다고 한다. 중국에서 만든 위경(僞經)이라고 한다. 송대부터 선(禪)의 중요한 경전으로 대두되었다.

이 경의 내용은 해탈을 얻는 25종의 깨친 과정과 구체적인 수행 과정, 50종의 마(魔)에 대하여 설하고 있다.

8. 如來得成 菩提妙奢摩他

《능엄경》
여래께서 깨달음을 이루신 묘한 사마타

阿難이 見佛頂禮하고 悲泣恨하며 無始來로
아난　견불정례　　　　비읍한　　　　무시래

一向多聞하고 未全道力하므로 殷勤啓請
일향다문　　　미전도력　　　　　은근계청

하였으니 十方如來께서 得成菩提하신 妙奢
　　　　　시방여래　　　　득성보리　　　묘사

摩他와 三摩와 禪那의 最初方便이다
마타　　삼마　　선나　　최초방편

아난이 부처님을 뵈옵고 정례(頂禮)하고 슬피 울면서, 무시이래로 오직 한 가지 마음으로 다문(多聞)만 하고, 도력(道力)이 온전치 못한 것을 한탄하고, 시방의 부처님께서 깨달음을 이루시던 묘한 사마타와 삼마와 선나의 최초 방편을 은근하게 청하였다.

새로운 한자

- 阿難(아난) : 부처님의 10대제자 중 다문제일(多聞第一)의 제자로 45년 동안의 부처님 설법을 기억하여 암송한 제자이다.
- 頂禮(정례) : 머리를 땅에 닿도록하여 절을 하는 예경법
- 悲泣(비읍) : 슬피 울다
- 恨(한) : 한하다. 원통하다. 한
- 無始來(무시래) : 무시이래(無始以來)의 준말로 아주 먼 옛날부터 쭉 이제까지

- 一向(일향) : 한곳으로 향하다
- 多聞(다문) : 많이 듣다
- 殷勤(은근) : 드러나지 않게 다정함. 겸손하고 조용함. 속으로 간절함
- 啓(계) : 열다. 속으로 시작된다. 가르치다
- 十方(시방) : 온 세상
- 得(득) : 얻다
- 成(성) : 이루다. 성취하다

해설

《능엄경》에 부처님의 10대제자 가운데 다문제일(多聞第一)인 아난존자가 마등가의 딸 음녀 마등가녀로부터 유혹을 받고 사음계(邪㸃戒)를 범하려는 순간에 부처님의 신통력으로 위기를 면하는 내용이 나온다.

아난존자는 경전 공부만하여 선정의 힘이 부족하여 생긴 일이라고 부처님께 고백한다. 부처님의 사촌 동생으로 부처님 곁에서 부처님을 시봉하며 부처님이 설하신 모든 설법을 직접 듣고 기억한 아난존자가 마등가녀에게 사음의 유혹을 받았다는 것은 상식적으로나 논리적으로 가능한 일이 아니다.

《능엄경》은 선 수행의 전문 선 용어인 '사마타', '삼마지', '선나' 등의 용어가 나타난 것이 특색이다.

불교용어

- **妙奢摩他**(묘사마타) : 묘(妙)는 불가사의(不可思議), 절대, 무비(無比)의 뜻이고, 사마타는 지(止), 적정(寂靜), 능멸(能滅)이라고 번역한다. 마음을

섭수하여 외경(外境)에 의해 산란됨이 없는 심적정(心寂靜)의 선정을 말한다.

- **摩登伽**(마등가) : 마등기(摩登祇)라고도 한다. 인도의 하층계급으로 길거리를 청소하는 등 비천한 직업이다. 마등가의 딸 마등가녀(摩登伽女)가 미남인 아난존자를 유혹하여 사음계(邪婬戒)를 범하려는 찰나에 부처님의 보호로 면하게 된다.《능엄경》에 보면 아난존자가 경전 공부만 하여 선정의 힘이 부족하여 이 사실을 부처님께 고백하는 내용이 나타나 있다. 이것은 중국에서 선종이 교종의 우위에 있음을 나타내기 위하여 만든 경전이라는 위경의 단서가 되는 내용이다.

- **奢摩他**(사마타) : 범어 sāmatha(사마타)의 음역으로 적정(寂定), 능멸(能滅)이라고 번역한다. 산란한 마음을 멈추고 마음을 한 가지 대상에 쏟는 고요한 마음의 상태로 외계(外界)의 대상을 향한 감각기관을 제어하여 마음의 움직임을 가라앉히는 것. 곧 마음을 한곳에 집중시키는 것으로 삼매, 선정의 다른 이름이다.

- **三昧**(삼매) : 범어 samādhi(삼마디)의 음역으로 정(定), 선정, 식려응심(息慮凝心) 등으로 번역된다. 선정의 다른 이름이다.

곧 마음을 한곳에 모아 움직이지 않게 하며, 마음을 바르게 하여 망념에서 벗어나는 것으로, 불교의 중요한 수행 방법 가운데 하나이다.《대지도론》에 '마음이 한곳에 머물러 움직이지 않는 것을 삼매라 하고, 일체 선정은 역시 이름 붙여 정(定)이라 하고, 또 삼매라 한다'고 하였다.

- **三摩地**(삼마지) : 범어 samādhi(삼마디)의 음역으로 '정(定)'이라고 번역한다. 마음을 한 곳에 모아 산란치 않게 하는 정신작용으로 삼매와 같은 말이다. 선정의 다른 이름이다.
- **方便**(방편) : 중생을 교화하기 위하여 각자 근기에 맞는 방법과 수단으로 깨우치고 교화하는 것.

《능엄경》
상주하는 참마음의 자성이 청정한 당체를 알지 못함이다

不知常住眞心 性淨當體

佛言하기를 善哉라 阿難아 汝等當知하라 一切衆生이 從無始來로 生死相續함은 皆由不知이다 常住眞心性淨明體이고 用諸妄相이니 此想이 不眞故有輪轉한다

부처님이 말씀하였다. 착하다. 아난아, 일체중생이 무시이래로 생사가 끊임없이 윤회함은 다 상주(常住)하는 참마음(眞心)의 자성이 청정한 당체(當體)를 알지 못하고, 망상으로 작용한 탓이니, 이 망상이 참되지 못하므로 윤전(輪轉)하게 되는 줄을 알아야 한다.

새로운 한자

- 善哉(선재) : 착하도다(哉는 감탄사)
- 汝等(여등) : 너희들(汝는 2인칭으로 '너'의 뜻이고 等은 '무리'의 뜻으로 복수형)
- 故(고) : ① 옛, 예전의, 옛날의 ② 원래, 본래 ③ 연고, 까닭 ④ 고로, 까닭에

- 當知(당지) : 마땅히 알라
- 一切(일체) : 모두. 모든 것
- 衆生(중생) : 깨달음을 얻지 못한 모든 생명체
- 從(종) : ① 쫓다. 뒤를 밟아 따르다. 뒤쫓다 ② 부터(=自)
- 無始(무시) : 시작함이 없는
- 生死相續(생사상속) : 삶과 죽음이 단절되지 않고 계속해서 서로 이어짐
- 皆(개) : 모두(=悉)
- 常住(상주) : 항상 머물다
- 眞心(진심) : ① 분별을 일으키지 않는 마음. 번뇌와 망상을 일으키지 않는 마음 ② 있는 그대로의 청정한 본성
- 性(성) : 성품
- 淨明(정명) : 깨끗하고 밝음
- 體(체) : ① 몸. 신체. 모양 ② 근본
- 妄(망) : ① 망령되다. 말이나 행동이 도리나 예의에 어그러지다 ② 허망하다. 헛되다 ③ 거짓
- 相(상) : ① 서로. ② 형상. 모습. 형태 ③ 불교에서는 '형상'의 뜻으로 '색(色)'과 같은 뜻으로 쓰임
- 想(상) : 생각하다. 잊고 있던 것을 다시 생각하다
- 輪轉(윤전) : 수레바퀴를 돌리다
- 輪(륜) : 수레바퀴
- 轉(전) : 구르다. 한 바퀴 돌다. 돌리다. 굴리다

해설

우리가 본디 가지고 있는 청정한 성품을 진심(眞心) 또는 불성, 자성이라고 한다. 중생이 본래의 자기 모습을 드러내 부처로 살지 못하고 생사를 윤회함은 참마음(眞心)의 자성이 청정한 당체(當體)를 알지 못하기 때문이다. 번뇌 망상 즉, 삼독심이 내 마음을 지배하기 때문이다. 따라서 생사윤회에서 해탈하려면 참마음인 자성을 깨달아야 한다. 그러면 곧 바로 부처가 된다.

불교용어

- **從無始來**(종무시래) : '시초가 없는 과거로부터'를 '종무시래'라고 한다. 이때 시작이 없다는 뜻의 '무시(無始)'는 꼭 시간적 측면에서만 말하는 것이 아니고 근원이 없다, 근본이 없다는 의미로도 해석된다. 중생은 시간적으로도 시초가 없는 존재일 뿐만 아니라 공간적으로도 뿌리가 없이 무한한 세월에 걸쳐 나고 죽음을 되풀이 하는 존재이다.

한문문법

- **哉**(재) : 문장의 끝에 붙어서 글을 매듭짓는 종결사로 영탄(詠嘆)의 뜻을 나타내는 조사이다. '…구나!'의 영탄의 뜻을 나타낸다.
  - 예 悲哉 : 슬프다!

10 認賊爲子

《능엄경》
도적을 아들로 잘못 알다

佛告阿難하기를 此是前塵虛妄相想하니 惑
불 고 아 난   차 시 전 진 허 망 상 상   혹

汝眞性하다 由汝無始至于今을 生認賊爲
여 진 성   유 여 무 시 지 우 금   생 인 적 위

子하여 失汝元常하니 故受輪轉하다
자   실 여 원 상   고 수 윤 전

부처님께서 아난에게 말씀하셨다.

"이는 바로 지금까지의 번뇌가 낳은 허망한 생각이니 그대의 참된 성품을 미혹케 한다. 저 아득한 과거로부터 금생에 이르기까지 도적을 아들로 잘못 알아 그대의 근본적인 안정을 잃어버리고 윤회의 물결을 따라 떠도는 것이니라."

새로운 한자

- 此(차) : 이(것)
- 虛妄(허망) : 거짓이 많아서 실답지 못함
- 眞(진) : 참. 거짓이 아니다. 진짜
- 眞性(진성) : 타고난 성질. 천성(天性). 순수한 성질. 진여(眞如)
- 由(유) : 연유. 까닭
- 塵(진) : 티끌. 먼지. 번뇌
- 惑(혹) : 미혹하다
- 至于(지우) : …에서, …에 이르다

• 今生(금생) : 현생, 현재	• 認(인) : 인식하다, 이해하다
• 賊(적) : 절도, 도적, 도둑질하다	• 爲(위) : …이다, …하다
• 失(실) : 잃다, 잃어버리다	• 元(원) : 원래, 처음
• 常(상) : 떳떳한 도리, 항상	• 受(수) : 받다

해설

한밤중에 도적이 방에 들어왔는데 여인은 깜깜해서 도둑이 자기 아들인 줄 알고 함께 보듬고 잠을 잤다. 얼마나 답답하고 속 터지는 일인가. 우리의 삶도 어리석어서 무명 망령된 생각을 자신의 참된 마음인줄 알고 아무 거리낌 없이 살고 있다. 이것을 비유한 것이 '도적을 아들로 착각하는 비유'이다.

우리 교단에서 불자를 소외시키고 이교도를 단체장으로 삼는 경우가 있는데 이런 경우를 '도적을 아들로 착각한다'고 말할 수 있다.

11 《원각경》
사대를 잘못 알아 자기 몸이라 여기다

妄認四大 爲自身相

云何無明인가 善男子야 一切衆生이 從無
운하무명   선남자   일체중생   종무

始來로 種種顚倒가 猶如迷人이 四方易處
시래   종종전도   유여미인   사방이처

하니 妄認四大하여 爲自身相하고 六塵緣影
     망인사대   위자신상   육진연영

을 爲自心相한다
   위자심상

어떤 것이 무명인가. 선남자야, 일체중생이 시초가 없는 과거로부터 갖가지로 뒤바뀐 망상이 마치 어리석은 사람이 사방을 바꾸어 아는 것과 같아서, 사대를 잘못 알아 자기 몸이라 여기고 육진의 그림자를 자기 마음으로 삼은 것이다.

새로운 한자

- 云何(운하) : 어떤 것. 무엇
- 種(종) : ① 씨(곡식의 씨) ② 근본. 원인. 혈통
- 倒(도) : ① 넘어지다. 자빠지다 ② 거꾸로. 거꾸로 하다
- 猶(유) : ① 오히려. 마치 …와 같다 ② 닮다. 같다
- 猶如(유여) : 마치 …과 같다
- 爲(위) : …이 되다
- 顚(전) : 뒤집힘. 멸망시킴
- 顚倒(전도) : 거꾸로 뒤집힘

- 迷(미) : ① 미혹하다. 시비의 판단을 하지 못하다 ② 헤매게 하다
- 四方(사방) : 동·서·남·북의 총칭. 여러 곳. 둘레. 주위
- 易(이) : ① 쉽다 .(※'이'라고 읽음). ② 바꾸다. 고치다. (※'역'라고 읽음)
- 認(인) : 알다. 인식하다. 인정하다
- 緣(연) : ① 인연. 연분 ② 연유하다. 말미암다 ③ 가장자리   • 心相(심상) : 마음의 모습

해설

무명(無明)은 범어 avidyā의 번역이다. 지혜가 없는 상태 즉, 무지(無知)와 같은 뜻이다. 어리석음 즉, 치심(痴心)이다. 《대승기신론》에서는 번뇌 망념을 일으키는 것이 무명이라고 한다.

초기경전에서는 12연기의 첫 번째로서 무명을 말하고 있다. 무명으로 인하여 업(業=行)을 짓고, 업으로 인하여 나머지가 연달아 일어나 결국 생로사(生老死)의 고통이 생겨난다는 것이다. 설일체유부에서는 대번뇌지(大煩惱地)의 하나로 거론하고, 유식파에서는 근본 번뇌의 하나로 취급한다.

중생은 어리석은 마음인 무명 때문에 지수화풍 사대(四大) 육신을 자기 진짜 몸뚱아리로 잘못 알고, 색성향미촉법 육진(六塵)을 자기 마음으로 착각하고 살아간다. 공(空)의 이치를 깨달으면 모든 사물과 물질이 실체가 없는 허망한 존재라는 것을 알텐데, 그것을 모르니 눈앞에 나타나 있는 현상 물체를 진짜 자기 몸 또는 마음의 모습이라고 착각하고 살아가는 것이다.

불교용어

- **無明**(무명) : 진리에 따른 무지(無知) 즉, 치심(痴心)을 뜻한다. 어리석음은 모든 번뇌를 일으키는 근본 번뇌이다. 그래서 무명을 원초적 번뇌라고 한다. 무명을 타파하면 고통의 윤회에서 벗어나 해탈하고 깨달음을 얻는다.
- **善男子**(선남자) : ① 좋은 집안의 남자. ② 바른 불교 신행을 가진 남자 재가 신도를 칭한다(→善女子).
- **四大**(사대) : 물질의 특성을 형성하는 네 가지 요소. ① 지대(地大: 흙). 견고한 성질. ② 수대(水大: 물). 축축한 성질. ③ 화대(火大: 불). 따뜻한 성질. ④ 풍대(風大: 바람). 움직이는 성질.
- **身相**(신상) : ① 신체의 모습 ② 부처님의 육신의 모습은 보통 사람과 달라서 32상(相)의 독특한 형상이 있다.

경전소개

- **원각경**(圓覺經)

정식으로는 《대방광원각수다라요의경(大方廣圓覺修多羅了義經)》이라고 한다. 693년 당나라 때 북인도의 승려 불타다라(佛陀多羅)에 의해 한역되었으나, 산스크리트 원전은 발견되지 않았다. 중국에서 만든 위경(僞經)이라는 설이 있다. 이 경은 대승 원돈(圓頓)의 교리를 설하고 있다. 원각(圓覺)이란 진여, 보리, 열반이 우리 마음 속에 모두 구비

되어 있는데 청정영묘(淸淨靈妙)한 것이다. 그럼에도 우리는 무명 번뇌로 덮여 있어서 명철하게 보지 못한다. 정신통일의 좌선 수행을 통해서만이 볼 수 있다.

12. 病目見 空中華

《원각경》
눈병이 났을 때 허공에 꽃이 보인다

譬하면 彼病目見이면 空中華第二月이다 善
男子야 空實無華인데 病者妄執하여 由妄執
故로 非唯惑此虛空自性하여 亦復迷彼實
華生處이다

비유하건데 눈병이 생겼을 때 허공에 꽃이 보이거나 달을 보면 두 개로 보이는 것과도 같다. 선남자야, 허공에는 실제로 꽃이 없는데, 눈병이 생긴 사람은 허망하게 집착하여, 허망한 집착 때문에 허공의 자기 성품을 잘못 알았을 뿐만 아니라 또한 역시 실제의 꽃이 나오는 자리까지도 모른 것이다.

새로운 한자

- **譬**(비) : 비유(譬喻)하다. 다른 사물을 빗대어 설명하다
- **彼**(피) : 저, 저것(지시대명사)
- **空中華** (공중화) : 허공 속에 핀 꽃. 실체가 없는 허망한 것

- 妄執(망집) : 망상을 버리지 못하고 집착하는 일
- 由(유) : ① 말미암다. 인연하다. 사유. 원인 ② …에서. …에서부터
- 執(집) : ① 잡다. 체포하다 ② 고집하다
- 惑(혹) : 미혹하다. 현혹되다. 정신이 헷갈리게 하다. 미혹. 의혹
- 虛(허) : ① 비다. 없다. 존재하지 아니하다 ② 공허(空虛)하다
- 亦復(역부) : 또 다시
- 實(실) : ① 열매. 초목의 열매 ② 차다. 가득 차다 ③ 바탕. 본질

해설

허공에 아름다운 꽃이 피었다. 얼마나 아름다운가. 그러나 허공에서는 꽃이 필 수 없다. 허공 속에 핀 꽃은 눈병이 났을 때 나타난 환상이다. 눈병이 나으면 자연히 허공 속에 핀 꽃도 사라진다. 본래가 없는 꽃이다. 꿈과 같은 것이다.

세상에 존재하는 모든 현상들은 실체가 없는 허망한 것들이 잠시 인연 따라 나타나 모습을 보일 뿐이다. 마치 신기루나 화성(化成)처럼 가짜나 모습을 보이다가 사라질 것이다. 허공의 꽃이다. 인생도 허공에 핀 한 송이 꽃이다.

불교용어

- **自性**(자성) : 본성(本性)과 같은 뜻으로 일체 현상에는 각기 본래부터 갖추고 있는 고정불변의 독자적인 본성이 있는데 이것을 자성이라

한다. 불성(佛性)도 같은 뜻이다. 自性佛(자성불)이라는 말도 있는데, 이는 우리의 자성이 곧 부처라는 뜻이다. 모든 사람은 본래부터 부처가 될 수 있는 성품을 갖고 있다는 뜻이다. 자기의 본성은 청정한 진여이므로 자성청정심이라 함과 같다.

한문문법

- **非**(비)
  - 부정사로 쓰일 때

    ① 아니다(부정의 조사). ② 거짓, 진실이 아니다. ③ 허물, 잘못. ④ 없다.

    예 非禮勿動 : 예의에 맞지 않는 일에는 움직이지 말라.

  - 부사로 쓰일 때

    ① 부정을 나타낸다. '…이 아니다'라고 해석한다.

    예 子非我 : 그대는 내가 아니다.

    ② 부정을 나타내고, 동사·개사·형용사 앞에 쓰이며 不(불)에 해당한다.

    예 非以無人而不芳 : (난초가) 사람이 없다고 해서 향기롭지 않은 것은 결코 아니다.

    ③ 非但(비단) : '…에 그치지 않는다', '…뿐만 아니라'라고 해석한다.

13 清淨摩尼寶珠

《원각경》
청정한 마니주

善男子야 比如하면 淸淨摩尼寶珠를 映於
선남자   비여   청정마니보주   영어

五色하여 隨方各現하면 諸愚癡者는 見彼摩
오색   수방각현   제우치자   견피마

尼를 實有五色한다
니   실유오색

선남자야, 비유하면 청정한 마니구슬이 다섯 가지 색깔에 비치어서 방향마다 다른 빛깔이 나타나면 어리석은 사람들은 그 마니구슬을 보고 실제로 오색이 있다고 여긴다.

새로운 한자

- 淸淨(청정) : 맑고 깨끗함
- 摩尼寶珠(마니보주) : 마니주는 여의심주(如意心珠)를 뜻한다. 보주는 보배로운 구슬이란 뜻이다
- 映(영) : ① 비추다. 비치다 ② 햇빛. 햇살
- 五色(오색) : 청색 · 황색 · 적색 · 백색 · 흑색의 다섯 가지 빛깔. 여러 빛깔
- 隨(수) : 따르다. 따라가다. 수행하다. 뒤를 쫓다
- 現(현) : ① 나타나다. 나타내다 ② 이제
- 現在(현재) : 이제, 지금
- 愚(우) : 어리석다. 습기롭지 아니하다
- 愚癡(우치) : 못나고 어리석음. 바보
- 癡(치) : 어리석다. 미련하다. 미치광이. 痴(속자)

해설

마니(摩尼)는 범어 mani의 음역이고, 의역하면 여의주(如意珠)이다. 마니주(摩尼珠)는 용왕(龍王)의 뇌 속에서 나온 것이라 하는데, 사람이 이 구슬을 가지면 독(毒)이 해칠 수 없고, 불에 들어가도 타지 않는 공덕이 있다고 한다.

과거세의 모든 부처님의 사리(舍利)가 불법(佛法)이 멸(滅)할 때에 모두 변하여 이 구슬이 되어 중생을 이롭게 한다고도 한다. 마니주는 본래 무색(無色)이다. 청황적백흑 오색이 구슬에 비치면 방향마다 다른 빛깔이 나타나는데 어리석은 사람은 그 마니구슬을 보고 실제로 오색이 구슬 속에 있다고 생각한다.

마니주 즉, 여의주는 내 마음의 구슬(如意心珠)을 상징한 구슬이다. 우리는 세상을 내 마음대로 내 마음의 깜냥으로 보고 생각한다. 모든 것은 마음이 만든다. 일체유심조(一切有心造)이고 유심소현(唯心所現)이다.

한문문법

- **전치사**(前置詞)

명사·대명사 앞에 놓여 그것과 연결된 동사나 형용사와의 관계를 명료하게 나타내는 역할을 한다. 於(어)·于(우)·乎(호)·自(자)·以(이)·與(여)·爲(위) 등이 있다.

1) 於(어)

① …에, …에서(어구 중에서 처소격 조사의 구실을 한다)

② …에서, …에게서(어구 중에서 유래격 조사의 구실을 한다)

③ …보다, …보다 더(어구 중에서 비교격 조사의 구실을 한다)

④ 이어. 이에 있어서

⑤ 탄식하다. 감탄하는 소리. 아!

예 於是乎 : 이제야. 이에 있어서
揚名於後世 : 이름을 후세에 날리다.《효경》
靑出於藍 而靑於藍 : 푸름 빛깔은 쪽풀에서 나왔지만은 쪽보다 더 푸르다.《순자》

2) 于(우)

① 어조사 : '…에서', '…까지', '…부터' 등으로 해석된다. 별 뜻 없는 발어사(發語辭). …에(전치사).

예 吾十有五 而志于學 : 나는 열다섯 살에 배움에 뜻을 두었다.《논어》

② 어조(語調)를 고르는 조사.

예 于今 : 지금까지(※于와 於는 의미상 차이가 없다)

3) 乎(호)

① 개사(開肆)로 於, 于와 대체로 같다. 장소나 시간을 나타낸다. '…에', '…보다', '…에 있다', '…으로부터', '…로' 등으로 해석한다.

예 楚人生乎楚 長乎楚 不知其所受之 : 초나라 사람은 초나라 땅에서 나서, 초나라 땅에서 성장하여 초나라 말을 하는데 누구에게서 배웠는지를 알지 못하겠다.《여씨춘추》

② 문장의 끝에 쓰여 의문을 나타내는 의문사로 '…인가', '…한가'로 해석한다. 즉 의문 · 영탄 · 반어 · 호격(呼格)의 어조사로 쓰인다.

> **예** 然胡不已乎 : 그러나 어찌 그만두지 않는가?《묵자》

14. 旣已成金 不重爲鑛

《원각경》
일단 금이 된 뒤에는 다시 되돌아가 광물이 되지 않는다

善男子야 如銷金鑛金非銷이며 有旣已成金은 不重爲鑛하며 經無窮時라도 金性不壞하니 不應說言本非成就이다 如來圓覺도 亦復如是이다

선남자야, 비유하면 금광을 녹이면 금광을 녹임으로써 금이 생기는 것이 아니며, 일단 금이 된 뒤에는 다시 되돌아가 광물이 되지 않고, 끝없는 세월이 지나도 금의 본래 성질은 무너지지 않으니, 본래부터 성취된 것이 아니라고 말할 수 없다. 여래의 원각(원만한 깨달음)도 또한 이와 같다.

새로운 한자

- 金(금) : ① 금. 황금(※'금'으로 읽는다) ② 성씨(性氏)(※'김'으로 읽는다)
- 鑛(광) : 쇳돌. 광석
- 銷(소) : 녹이다. 녹다
- 重(중) : ① 두번. 또 다시. 거듭하다 ② 무겁다 ③ 소중하다. 귀중하다
- 不重(부중) : 다시 되돌아가지 않는다

- 經(경) : ① 지나다. 지내다 ② 경전 ③ 날. 세로(상하, 또는 남북으로 통하는 것. 또 그 방향)
- 無窮(무궁) : 끝이 없다
- 壞(괴) : 무너지다. 허물어져 내려앉다. 무너뜨리다. 파괴하다
- 成就(성취) : 목적한 바를 이루는 것
- 圓覺(원각) : 불보살들의 원만(圓滿)한 깨달음. 원만하고 모두 갖추어서 조금도 결함이 없는 깨침. 곧 대원정각(大圓正覺)을 말한다.

해설

금광에서 제련되어 일단 금이 되면 그 금은 다시 광물로 되돌아가지 않는다. 알에서 병아리가 부화되면 그 병아리는 다시 알로 되돌아갈 수 없다. 광석에 순금이 섞여 있다가 그 금이 한 번 순금이 되면 다시 광석으로 되지 않음과 같으며, 눈병에 걸린 사람이 공중에 헛꽃을 보다가 눈병이 없어지면 꽃도 공중에서 사라지고 공중에 다시 생기지 않는 것과 같다. 불탄 나무는 다시 나무가 되지 않음과 같이, 모든 부처님의 보리열반도 그와 같다.

그와 마찬가지로 중생이 일단 깨달음을 얻어 부처가 되면 중생으로 퇴보하지 않는다는 뜻이다. 끝없는 세월이 지나도 금의 본래 성질은 무너지지 않는다. 똥통에 들어가도 금덩이는 오염되지 않는다. 그와 같이 중생은 본디부터 부처의 덕상을 모두 갖추었고, 여래의 원만한 깨달음(圓覺)도 갖추었다. 중생이 그대로 부처이다.

한문문법

- **不**(불)
  - 不은 ㄷ, ㅈ 앞에서는 '부'로 읽는다. 단 '不實(부실)'은 예외이다.
    ① 않는다. 아니다. ② …냐 아니냐(否). ③ 그렇지 않으면.

    > **예** 仁者不憂 : 인자는 근심하지 않는다. 《논어》
    > 苟不至德 : 진실로 최고의 도덕을 갖추지 못했다.
    > 不患人之不己知 : 나의 재덕을 남이 알아 주지 않더라도 그것을 걱정하지 아니한다.
    > 不識 : 알지 못함. 모른다.

  - 不은 동작·상태 혹은 사물을 부정하는 뜻을 나타내는 어법을 '부정형'이라 한다. 부정조동사로 쓰이는 글자는 다음과 같다.
    ① 不 : 弗(불)과 같다.
    ② 非(비)
    ③ 未(미) : 아직 …아니다.
    ④ 無(무) : 勿(물)·毋(무)·莫(막)·亡(망)·罔(망) 등이 있다.

15. 心佛及衆生 是三無差別

《화엄경》
마음과 부처 그리고 중생 셋은 차별이 없다

如心佛亦爾이고 如佛衆生然하다
여 심 불 역 이   여 불 중 생 연

心佛及衆生은 是三無差別이다
심 불 급 중 생   시 삼 무 차 별

마음과 같이 부처님 역시 그렇고 부처님처럼 중생도 그렇다네.

마음과 부처 그리고 중생 이 셋은 아무런 차별이 없다네.

새로운 한자

- 如(여) : 같다
- 亦(역) : 역시. 또한
- 然(연) : 그러하다. 맞다.(이치에 맞고 내 마음에 맞다는 뜻)
- 及(급) : 및. 와
- 差(차) : 어긋나다. 일치하지 아니하다
- 別(별) : ① 차별 ② 나누다. 가르다 ③ 분별하다. 판별하다
- 無差別(무차별) : 차별이 없다. 똑같다

해설

《화엄경》에서는 영원한 시간과 찰나 일념이 상호 동일하다. 영원한 시간과 찰나 일념 모두가 실재가 아닌 무자성(無自性)으로서의 공(空)이다. 인간에게 있어서 진실로 존재하는 것은 한 찰나(刹那) 즉 일념(一念)일 뿐이다. 현재심도 얻을 수 없고, 과거심·미래심도 얻을 수 없다.

일념 속에는 과거·현재·미래가 다 들어 있지만, 또한 과거·현재·미래가 모두 없다고도 할 수 있다. 처음으로 발심할 때가 곧 정각을 얻는다(初發心時便成正覺)고 한다. 화엄의 교학에서는 초발심과 정각 사이에는 아무런 시간도 존재하지 않는다. 따라서 마음의 입장에서 초발심의 당사자인 중생과 정각의 당사자인 부처 사이에는 아무런 차이가 없다. 오직 마음이 모든 것을 만든다(一切唯心造). 중생도 부처도 마음이 만든다. 그래서 마음과 부처와 중생 이 셋이 아무런 차별이 없다고 한 것이다.

경전소개

- **화엄경**(華嚴經)

  대방광불화엄경(大方廣佛華嚴經)을 줄인 이름이다. '크고 방정(方正)하고 넓은 이치를 깨달은 부처님의 꽃같이 장엄한 경전이란 뜻이다. 부처님께서 깨달으신 내용을 그대로 설한 경전으로 80화엄·60화엄·40화엄 3종이 있다.

보살의 수행을 열 단계로 설한 〈십지품(+地品)〉을 한 권의 경전으로 만든 것이 《십지경(+地經)》이고, 이것을 인도의 세친보살이 해설한 논서가 《십지경론》이다. 〈입법계품(入法界品)〉만 번역한 것이 《40권 화엄경》이다.

16

《화엄경》
하나는 능히 무량이 되고 무량은 능히 하나가 된다

一能爲無量 無量能爲一

一能爲無量이고 無量能爲一이다
일 능 위 무 량   무 량 능 위 일

知諸衆生性하여 隨順一切處이다
지 제 중 생 성   수 순 일 체 처

하나는 능히 무량이 되고 무량은 능히 하나가 된다.
모든 중생이 성품을 알아서 모든 곳에 수순하여 따른다.

새로운 한자

- 能(능) : 능하다. 잘하다
- 量(량) : 헤아리다. 무게를 달다. 계량하다. 길이를 재다
- 無量(무량) : 셀 수가 없다. 헤아릴 수 없다
- 爲(위) : …이 된다
- 知(지) : 알다
- 性(성) : 성품
- 衆生性(중생성) : 중생의 성품
- 隨(수) : 따르다
- 順(순) : ① 순하다. 온순하다 ② 도리(道理)를 따르다 ③ 화순(和順)하다
- 隨順(수순) : 온순하게 따르다
- 一切處(일체처) : 모든 곳

해설

《화엄경》의 특유한 논리는 '상즉(相卽)의 논리'이다. '상즉상입(相卽相入)'의 상호 관계는 A와 B가 서로 부분이 되는 관계가 상입(相入)인데, 그럴 때 A와 B의 관계는 서로 동일한 것이 된다. 상호 동일한 관계를 상즉이라 말하는 것이므로, 상입이 상즉의 전제가 됨과 동시에 곧 상즉과 같은 것이 된다.

현상계의 모든 사물들이 서로 상즉(相卽)한 화엄의 사사무애(事事無礙)의 세계이다. 현실세계를 절대적으로 긍정하는 이론이다.

의상대사의 《법성게》에 나오는 상즉상입의 세계를 나타낸 구절을 보면 '一中一切多中一 一卽一切多卽一'이다. 그 뜻을 풀이하면 '하나 가운데 전체가 있으며 전체 가운데 하나가 있으니, 하나가 곧 전체이며 전체가 곧 하나이다'라는 뜻이다. (정병삼 《의상 화엄사상 연구》 185쪽 참조)

17. 一切唯心造

《화엄경》
모든 것은 마음이 만든다

若人慾了知하려면 三世一切佛을
약 인 욕 요 지　　　삼 세 일 체 불

應觀法界性하라 一切有心造이다
응 관 법 계 성　　　일 체 유 심 조

만약 어떤 사람이 삼세의 모든 부처를 확실히 알고자 한다면
온 세상을 이루는 본래의 성품을 관찰하라.
모든 것은 마음이 만든 것이다.

새로운 한자

- 若(약) : 만약
- 人(인) : 다른 사람(3인칭)
- 慾(욕) : ① 하고자 한다. 하려고 하다. ~할 것 같다 ② 바라다 ③ 탐내다. 욕심
- 了(료) : ① 마치다. 끝나다 ② 깨닫다. 이해하다 ③ 어조사로 쓰여 문장 끝에 첨가하여 결정 · 과거 · 지정 · 판단 · 금지 등의 뜻을 나타낸다
- 了知(요지) : 깨달아 앎
- 三世(삼세) : 과거 · 현재 · 미래
- 一切佛(일체불) : 모든 부처님
- 應(응) : 마땅히. 응당
- 觀(관) : ① 보다. 자세히 보다. 보이다 ② 드러내다. 명시하다 ③ 살펴보다. 거울삼다. 바라보다. 사념(思念)하다. 고구(考究)하다 ④ 체계화된 견해
- 法界(법계) : 불법(佛法)의 범위. 법의 영역. 정신세계. 만유 제법의 본체인 진여(眞如)
- 心(심) : 마음
- 造(조) : 만들다

해설

유명한 《화엄경》의 사구게이다. 마음이 모든 것을 만든다는 《화엄경》의 '유심론(唯心論)'을 한마디로 개괄한 명구이다. 이 세상이 존재하는 것은 나의 마음으로 보고 인식되었을 때만이 존재의 의미와 가치가 있다. 세상은 내 마음이 느끼고 생각하고 아는 세계일 뿐 그 이상도 그 이하도 아니다. 알고 느낀 만큼만 세상이 보인다. 그것이 그 사람의 세상이다.

다분히 주관적 유심사상이다. 마음이 부처이고(心卽是佛), 마음이 정토(唯心淨土)이다. 마음 밖에는 부처도 없고, 진리(법)도 없다.

보충자료

- **심성**(心性) : 참되고 변하지 않는 마음의 본체(本體). 진심(眞心). 마음의 본래 변하지 않는 성품인 성(性)과 밖으로 드러나는 감정인 정(情)으로 되어 있다. 성(性)은 누구나 가지고 있는 착한 마음인 인(仁)·의(義)·예(禮)·지(智)·신(信)이고, 정(情)은 인간의 감정인 오욕(五慾) 칠정(七情)이 있다.
- **다불**(多佛)**사상** : 소승불교에서는 불타를 자연인이나 초인의 수준으로, 즉 훌륭한 스승으로서의 불타로 본 반면에, 대승에서는 이에 더하여 불타에게 여러 가지 기능과 권능을 발견함으로써, 불타의 의미를 대단히 넓혔다. 즉, 석가모니부처님은 단편적으로 한때 역사

적으로 오셨던 분만이 아니라, 그 이전에도 무수한 부처님이 계셨고, 현재 이후에도 무수한 부처님께서 오실 것이며, 부처님은 역사적인 실체일뿐만 아니라, 역사를 초월하는 구원토록 상주일체하며, 상황과 필요에 따라서 언제든지 얼마든지 그 법신을 나투시어 보신으로도 화신으로도 오실 수 있는 존재라는 점을 대승불교 이론에서는 일깨웠다. 부처님이란 필연적으로 상주일체하며, 역사와 상황을 뛰어넘으며, 동시에 누구나가 부처가 될 수 있으며, 이름 있는, 혹은 이름 없는 부처가 수없이 있을 수 있음을 이론적으로, 체계적으로 강조하여, 다불사상, 혹은 다신불사상, 삼세불 사상을 발전시킨 것이 대승불교이다.

18 心如工畫師

《화엄경》
마음은 그림을 그리는 화가와 같다

心如工畫師하여
심 여 공 화 사

能盡諸世間이다
능 진 제 세 간

마음은 그림을 그리는 화가와 같아

능히 모든 세상일을 그려내네.

새로운 한자

- 工(공) : ① 장인. 물건을 만드는 일을 업으로 하는 사람 ② 공교(工巧)하다. 교묘하다
- 畫(화) : ① 그림. 그리다 ② 획. 글자의 획. 긋다
- 師(사) : 스승   • 工畫師(공화사) : 화가
- 能(능) : 능히. …할 수 있다
- 盡(진) : ① 다 없어지다. 다하다 ② 끝까지 가다 ③ 정성을 다하다 ④ 다. 진력(盡力)하다

해설

화가는 화선지에 자기 마음대로 그림을 그린다. 그와 마찬가지로 우리도 내 마음대로 세상을 살아간다. 자신의 마음이 자기 우주이고, 세상이다. 세상이나 우주는 자기 마음이 알고 있는 그 이상도 이하도 아니다. 그러하니 마음이 우주이고 세상이고, 부처이다. 마음이 세상을 다스리는 주관자이니 심왕(心王)이고, 마음이 세상의 모든 것을 만들어 내는 바탕이 되니 심지(心地)이다.

19 最後說法 度須跋陀羅

《유교경》
마지막 설법을 하여 수발타라를 제도하시다

釋迦牟尼佛께서 初轉法輪하여 度阿若憍
석가모니불　　　초전법륜　　　도아약

陳如하고 最後說法하여 度須跋陀羅하니 所
진여　　　최후설법　　　도수발타라　　소

應度者는 皆已度訖하였다 於娑羅雙樹間에
응도자　　개이도흘　　　　어사라쌍수간

서 將入涅槃하니 是時中夜에 寂然無聲하니
　장입열반　　　시시중야　　적연무성

爲諸第子에게 略說法要하였다
위제제자　　　약설법요

석가모니부처님께서 처음으로 법륜을 굴려 아약 교진여 등 5비구를 제도하시고, 마지막으로 법을 설하여 수발타라를 제도하시니 제도를 받아야 할 사람들은 이미 모두 제도하였다.

사라쌍수나무 사이에서 장차 열반에 드시려 하니, 때는 한밤중이라 고요하여 소리조차 없었다. 모든 제자들을 위하여 간략하게 진리의 요지를 설하였다.

새로운 한자

- 釋迦牟尼(석가모니) : 불교의 창시자. 역사적인 인물로서 부처님
- 初(초) : ① 처음. 시작 ② 비로소
- 度(도) : ① 건너다. ② 법도. 제도(制度) ③ 깨닫다. 번뇌에서 해탈하다
- 最(최) : 가장. 제일. 최상
- 後(후) : 뒤. 나중에
- 最後(최후) : 가장 나중에
- 說法(설법) : 부처님의 교법(敎法)의 진리를 설하다
- 所(소) : 바. 곳. 장소
- 應(응) : 마땅히
- 已(이) : 이미
- 訖(흘) : ① 이르다. 이르기까지 ② 마치다. 끝나다
- 將(장) : 장차. 막 …하려 하다
- 入(입) : 들어가다. 들다
- 涅(열) : ① 개흙. 갯바닥. 진흙 ② 열반
- 槃(반) : 쟁반. 소반
- 中夜(중야) : 한밤중
- 寂(적) : 고요하다. 쓸쓸하다
- 寂然(적연) : 고요함
- 略(략) : 대략. 대강. 간략하게 하다
- 略說(약설) : 간단하게 핵심만 말하다
- 法要(법요) : ① 진리의 핵심요지 ② 불사(佛事)의 의식

해설

《유교경》이 시작되는 첫 부분의 글이다. 석가모니께서 35세에 부다가야에서 성도하시고 베나레스 녹야원에서 교진여 등 다섯 비구에게 첫 설법을 하시고 45년 동안 중생을 위해 교화 설법하신 후 80세에 사라쌍수 아래서 열반하시면서 《유교경(遺敎經)》을 설하시는 모습이다.

불교용어

- **初轉法輪**(초전법륜) : 부처님께서 6년 수행 끝에 진리를 깨달으시고 베나레스 교외의 사슴동산(녹야원)에서 다섯 명의 비구에서 최초의 설

법을 하였다. 이를 초전법륜 또는 초전설법이라 한다. 중도(中道)의 진리, 사성제, 팔정도 등의 교법을 설했다. 이로써 처음으로 불(佛)·법(法)·승(僧)의 불교 교단이 성립하게 되었다.

- **阿若憍陳如**(아약교진여) : 부처님이 진리를 깨달으시고 초전설법할 때 교화한 최초의 제자이다.
- **須跋陀羅**(수발타라) : 부처님이 쿠시라가라 사라쌍수 아래서 열반할 때 마지막으로 제도한 제자이다.
- **娑羅雙樹**(사라쌍수) : '학림(鶴林)'이라고 번역. 사라(Sāla)는 인도 원산의 교목(喬木)으로 재질이 견고하다. 부처님이 사라수나무 사이에서 열반했음으로 '열반수(涅槃樹)'라 칭한다.
- **涅槃**(열반) : 범어 Nirvāṇa(니르바나)의 음역으로 안락적멸(安樂寂滅) 또는 불생불멸로 의역한다. 모든 번뇌의 속박에서 해탈하고 진리를 추구하여 미혹한 생사를 초월해 불생불멸의 법을 체득한 경지를 뜻한다. 부처의 죽음을 이르며 입멸(入滅), 입적(入寂)이라고도 한다.

경전소개

- **유교경**(遺敎經)

《불수반열반약설교계경(佛垂般涅槃略說敎誡經)》을 줄인 이름이다. 석가모니께서 쿠시나라 사라쌍수 아래서 열반에 들면서 제자들을 위하여 말씀한 최후의 설법이다. 불멸후 모든 제자들의 나아갈 길을 말씀하셨다. 부처님은 제자들에게 계율을 스승으로 삼고, 마음을 경계하며 3독 · 5욕의 번뇌를 억제하고, 퇴전하지 말고, 항상 고요한 곳을 구하여 정진하라고 말씀하였다.

20

《법화경》
모든 존재는 본래부터 스스로 고요하고 청정한 모습을 갖추고 있다

諸法從本來 常自寂滅相

諸法從本來로 常自寂滅相이다
제 법 종 본 래   상 자 적 멸 상

佛子行道已하면 來世得作佛하리라
불 자 행 도 이   내 세 득 작 불

이 세상의 모든 존재는 본래부터

항상 스스로 고요하고 청정하구나.

불자가 이와 같이 불도를 닦아 마치면

내세에 반드시 부처가 되리라.

새로운 한자

- 諸法(제법) : 모든 것. 모든 존재. 인간의 인식기관으로 인식할 수 있는 물질·정신세계 등 모든 세계
- 本來(본래) : 본디. 처음부터
- 常(상) : ① 항상. 늘. 언제나 ② 법. 전법(典法). 불변의 도
- 自(자) : ① 스스로. 자기. 몸소. 저절로 ② …부처하다. 말미암다
- 從…自(종…자) : …에서부터 …까지

해설

《법화경》의 사구게이다. 《법화경》의 사상을 한마디로 요약한 내용이다. 세상은 본래가 완성되어 불국정토이고 중생 또한 본래가 부처의 덕을 모두 구족하고 있음으로 본래불(本來佛)이다. 내 마음 안에 있는 자성불(自性佛)이 이미 광명의 빛을 밝히고 있다. 따라서 우리 불자는 육바라밀만 실천하면 반드시 내세에 부처가 된다.

불교용어

- **寂滅**(적멸) : 열반의 번역으로 번뇌망상 등 잡념이 완전히 소멸되어 마음이 고요하고 평온한 상태를 말한다. 생사하는 인(因)·과(果)를 멸하여, 다시는 미(迷)한 생사를 계속하지 않는 적정(寂靜)의 경지를 말한다. 불이 꺼지듯 탐욕과 성냄, 어리석음 즉 삼독심이 소멸된 열반의 상태이다.
- **來世**(내세) : 삼세(三世)의 하나로 죽은 뒤에 영혼이 다시 태어나 산다는 미래의 세상이다. 당래(當來)·미래세·후세(後世)라고도 한다.

경전소개

- **법화경**(法華經)

《묘법연화경(妙法蓮華經)》의 약칭으로 대승 초기의 경전 가운데 하나이다. 1세기 전반 즈음에 성립되었다. 전반부에서는 회삼귀일(會三歸一)을, 후반부에서는 세존의 수명이 무량함을 설하고 있다.

회삼귀일(會三歸一)이란 세존이 이 세상에 출현하여 성문과 연각과 보살의 삼승(三乘)에 대한 여러 가지 가르침을 설하였지만 그것은 결국 일승(一乘)으로 이끌기 위한 방편에 지나지 않는다는 것이며, 후반부에서는 세존을 법신(法身)과 동일시함으로써 영원한 존재로 상정하여 신앙의 대상을 확립하였다.

3
조사어록

1

이입은 부처님의 가르침에 의해서 종지를 깨닫는 것을 말한다

理入者 謂藉教悟宗

夫入道多途이나 要而言之하면 不出二種이니 一是理入이요 二是行入이다 理入者는 謂藉教悟宗이니 深信含生同一眞性이나 俱爲客塵妄所想覆하여 不能顯了이다

이입사행론

무릇 도에 들어가는 길은 많으나 요약하여 말하면 두 가지에서 벗어나지 않는다.

첫째는 이입(理入)이요, 둘째는 행입(行入)이다.

이입은 부처님의 가르침에 의해서 종지를 깨닫는 것을 말한다. 중생이 동일한 참된 성품을 깊이 믿으나, 다만 번뇌의 망상에 덮인 바가 되어서 능히 드러내지 못하는 경우이다.

새로운 한자

- 夫(부) : ① 저. 그. 무릇(말을 시작하는 발어사) ② 지아비(남편)
- 入道(입도) : 도에 들어가다
- 途(도) : 길. 도로
- 多途(다도) : 많은 길
- 要(요) : ① 요약하여 말하면. 요컨대 ② 요구하다
- 言之(언지) : 말하다
- 不出(불출) : 벗어나지 않다
- 種(종) : ① 씨. 씨앗 ② 종류
- 理(이) : 이치. 원리. 법도
- 理入(이입) : 원리를 통해서 들어가다
- 謂(위) : 말하다. 일컫다. 설명하다
- 藉(자) : ① 빌다. 꾸다 ② 의존하다. 빙자하다. ③ 핑계삼다
- 藉敎(자교) : 법(法)에 의지하다
- 悟(오) : 깨닫다
- 宗(종) : 마루. 일의 근원. 근본
- 藉敎悟宗(자교오종) : 부처님의 말씀을 기록한 경전에 의지하여 선종에서 목표로 하는 깨달음을 얻는다
- 深(심) : 깊다. 얕지 아니하다. 깊숙하다
- 含(함) : 머금다. 입속에 넣다. 품다
- 含生(함생) : 생명을 머금은 중생
- 眞性(진성) : 참된 성품. 眞如心(진여심)
- 俱(구) : 함께. 다. 모두
- 客(객) : 손. 나그네. 외래자
- 客塵(객진) : 나그네 같은 번뇌. 실체가 없는 번뇌. 번뇌는 실체가 없는 것으로 나그네처럼 나타났다가 사라지는 것이므로 잘 닦으면 없어질 수 있음
- 覆(복) : ① 덮다. 덮어 씌우다. ② 뒤집다. 뒤집히다. 뒤집어 놓다 ③ 무너지다. 망하다
- 顯(현) : ① 나타나다. 드러나다. 나타내다 ② 뚜렷함. 명백히
- 了(료) : ① 마치다. 끝나다. ② 밝다. 총명하다
- 顯了(현료) : 명백하게 잘 드러나다

해설

《이입사행론》은 달마대사의 유일한 저술로 알려져 있다. 《달마어록》, 《혈맥론》 등은 달마대사의 이름에 가탁한 저술로 밝혀졌다. 윗글은 《이입사행론》의 첫머리에서 글이 처음 시작하는 글이다. 중국에서 선

종이 발생할 때 초기에는 불교 경전에 근거하여 선정의 수행과 선정법이 정립되었음을 이 글을 통해서 짐작할 수 있다. 경전을 전적으로 무시하고 불립문자(不立文字)를 내세운 것은 당나라 혜능대사 때부터라고 할 수 있다. 간화선 지상주의가 된 것은 송나라 대혜 종고선사 때부터이다.

《이입사행론》은 1900년 초 돈황석굴에서 발견된 돈황문헌이다.

경전소개

- **이입사행론**(二入四行論)

달마대사의 유일한 저서로 1900년에 돈황에서 발견된 선어록이다. 달마(達磨, ?~528)는 도에 들어가는 길에 이입(理入)과 행입(行入)의 두 가지가 있다고 함. 모든 중생이 본질적(理)으로는 동일(同一)한 진성(眞性)이지만 객진(客塵, 번뇌)에 가려서 나타나지 못하므로, 객진망념을 버리고 진성에 돌아가기 위해서는 벽관(壁觀 : 좌선)하게 되면 정적무위(靜寂無爲)케 된다. 이것을 이입의 길이라 하고, 이 이입에 입각해서 보원행(報寃行)·수연행(隨緣行)·무소구행(無所求行)·칭법행(稱法行)의 사행(四行)을 실천하는 것을 행입이라 한다.

2 報冤行

전생의 원한에 보답하는 실천행

行入者는 謂四行이니 其餘諸行은 悉入此
中이다 何等四耶인가 一報冤行이요 二隨緣
行이요 三無所求行이요 四稱法行이다

이입사행론

행입이란 네 가지 실천으로 그 나머지 모든 행위는 다 이 가운데 포함된다. 무엇이 네 가지인가? 첫째는 전생의 원한에 보답하는 실천이요, 둘째는 인연에 따르는 실천이요, 셋째는 구하는 바가 없는 실천이요, 넷째는 진리대로 살아가는 실천이다.

새로운 한자

- 四行(사행) : 네 가지 실천행
- 餘(여) : ① 나머지. 잉여(剩餘) ② 남다. 넉넉하다
- 悉(실) : 모두(=皆)
- 何等(하등) : 얼마만큼. 어느 정도. 아무런. 아무
- 冤(원) : 원통하다. 누명을 쓰다
- 其(기) : 그(사람, 또는 사물의 지시대명사)
- 諸行(제행) : 모든 행위
- 報(보) : 갚다

- **報寃行(보원행)** : 지금 받고 있는 고통이 전생에 지은 억울한 원통함을 갚음을 수행으로 삼음
- **隨緣行(수연행)** : 모두가 인연에 의해 생기는 것으로 알고 도(道)에 수순(隨順)하는 것
- **無所求行(무소구행)** : 구하는 바가 없음
- **稱(칭)** : ① 일컫다. 이르다. 설명하다. 칭찬하다 ② 저울 ③ 저울질하다. 달다 ④ 알맞다. 걸맞다
- **稱法行(칭법행)** : 진리대로 실천함. 법성(法性)의 체(體)에 맞는 행법(行法). 공(空)의 진리 그 자체에 입각한 내용

해설

달마대사의 《이입사행론》에서 이입(理入)은 부처님의 교법(경전)에 의해서 깨달음을 얻는 길을 말하고, 행입(行入)은 실천행을 통해서 깨달음을 얻는 길이다.

행입은 네 가지 실천행이 있는데 첫째가 지금 받고 있는 고통을 전생에 남에게 지은 원통한 업을 갚는 수행으로 생각하는 보원행이고, 둘째는 지금 행하는 모든 일이 인연에 의해서 생기는 것으로 알고 기꺼이 따라 행하는 수연행이고, 셋째는 탐욕이 끊어져서 더 이상 구하는 바가 없는 무소구행이고, 넷째는 진리에 따라 살아가는 칭법행이다.

달마대사는 중국 선종의 초조이다. 우리는 이 글을 통해서 참선 수행에 의해서 깨달음에 이르는 달마대사의 가르침이 이와 같이 경전을 배척하거나 참선만 강조하여 깨달음에 이르는 것이 아님을 알 수 있다. 참선 지상주의, 화두만 강조하는 간화선 지상주의는 중국

에서 선종이 황금시대를 이루면서 생겨난 풍조이다.

한문문법

- **耶**(야) : 문장의 끝에 붙어서 의문의 뜻을 나타내는 의문 종결사로 쓰인다. '邪(사)'의 속자(俗字)로 같은 뜻이다. '乎(호)'보다는 조금 짙은 정도의 의문을 표시한다. 또 이것은 '安(안)', '寧(영)'등과 호응하여 '어찌 …겠는가?'와 같은 반어를 나타내기도 한다.

3. 外息諸緣

밖으로는 모든 인연을 쉬다

外息諸緣하고 **內心無喘**하여
외 식 제 연   내 심 무 천

心如牆壁하면 **可以入道**이다
심 여 장 벽   가 이 입 도

소실육문

밖으로는 모든 인연을 쉬고 안으로는 마음에 헐떡임이 없어

마음이 장벽과 같으면 가히 불도에 들어간다.

새로운 한자

- **外**(외) : 밖
- **息**(식) : 숨쉬다. 숨. 호흡하다. 쉬다
- **諸緣**(제연) : 모든 인연
- **內**(내) : 안
- **喘**(천) : 헐떡이다. 숨이 차다. 기침(기관지가 탈이 나서 오는 병)
- **喘氣**(천기) : 가벼운 천식. 숨이 참. 헐떡임
- **牆**(장) : ① 담. 경계. 사물을 나누어 놓는 칸막이. 墻(同字)
- **壁**(벽) : 벽. 바람벽. 울타리
- **牆壁**(장벽) : 담과 벽. 벽장
- **可**(가) : ① 가이(결정·상상·권고·가능의 뜻을 나타낸다) ② 옳다 ③ …할 수 있다
- **以**(이) : 써. ~로써. …가지고(목적·수단·원인·이유 등을 특히 지시하여 말할 때 쓴다)

해설

《소실육문(少室六門)》은 달마대사에 가탁한 위찬으로 추정되는 중국 초기 선불교시대의 선어록이다. 소실(少室)은 달마대사가 9년 동안 면벽했던 소림사를 뜻하고 육문(六門)은 제1문 심경송(心經頌), 제2문 파상론(破相論), 제3문 이종입(二種入), 제4문 안심법문(安心法門), 제5문 오성론(悟性論), 제6문 혈맥론으로 구성되었다.

시비와 분별하는 마음이 완전하게 떠나서 마음이 산란함이나 헐떡거림이 없이 장벽과 같이 무심(無心)한 경지에 이르면 깨달음에 이를 수 있다. 마음 밖의 경계에 대하여 마음이 홀리지 않고, 집착하는 마음이 없으면 부처의 경지에 이르렀다고 할 수 있다.

인물소개

- **보리달마대사**(菩提達磨大師 : ?~528) : 보리달마는 중국 선종의 제1조이다. 남인도 향지국의 왕자로 태어나서 출가하여 반야다라(般若多羅)의 제자가 되어 석가모니부처님으로부터 정통으로 불법을 전해 받은 28대 조사이다.

중국 남북조(南北朝)시대에 바닷길로 인도에서 광동성 광주에 이르고, 남경에 가서 양무제(梁武帝)를 만났으나, 서로 주장하는 불법(佛法)이 맞지 않아서 달마대사는 양자강을 건너 북위(北魏) 숭산(崇山) 소림사(少林寺)에서 9년 동안 벽만 바라보며 좌선을 하였다.

달마대사가 주장하는 새로운 불교는 사람의 마음은 본래가 청정하다는 사실을 깨달아야 한다는 것이고, 마음을 집중함으로써 번뇌가 마음속으로 들어오지 못하도록 벽(壁)과 같이 하여, 여러 망상을 쉬고 심신(心身)을 탈락시켜 자신의 청정한 본심을 보는 수행법을 가르쳤다.

달마대사가 520년 양무제를 만나 문답한 내용은 유명한 이야기로 전해오고 있다. 양무제는 절도 많이 짓고, 불상도 만들고 승려를 많이 육성한 불심이 돈독한 불심천자(佛心天子)였다. 자신의 불심과 불사(佛事)의 공덕을 칭찬받고 싶은 양무제는 자신의 선행과 불사가 공덕에 얼마만큼의 공덕이 있는지 물었다. 그런데 그의 기대와는 상반되게 달마대사는 "그런 불사는 전혀 공덕이 될 수 없습니다. 무공덕(無功德)입니다" 하고 말했다.

달마대사가 중국에 온 뜻은 절을 짓고 불공을 올리는 초보적인 불교를 가르치러 온 것이 아니라, 스스로 자신의 마음속에 있는 불성을 깨달아서 부처가 되는 최고의 불교인 대승불교(大乘佛敎)를 전하러 왔기 때문에 양무제의 불교와 맞지 않았다. 진정한 공덕은 깨달음인 것이다. 불사는 진정한 공덕이 아니고, 수심견성(修心見性)만이 진정한 공덕이다.

달마대사는 중국에서 단번에 부처가 될 수 있는 수행인 참선을 제일로 중시하는 선종의 씨를 뿌리고, 깃발을 처음으로 높이 든 가장 위대한 스님이다. 그의 선 사상을 알 수 있는 귀중한 서적이 바로 달마어록이라고 전해지는 《이입사행론(二入四行論)》이다.

달마대사 선법의 전통은 중국불교 역사에서 가장 크게 발전하였는데, 그의 선의 법통은 제자 2조 혜가(慧可)에게 전해지고, 3조 승찬(僧璨), 4조 도신(道信), 5조 홍인(弘忍), 6조 혜능(慧能)으로 이어져 크게 융성하였다.

달마대사는 중국 불교의 꽃이라고 할 수 있는 선종불교의 씨를 뿌린 사람이다. 달마대사는 선종의 부처님이라 할 수 있을 정도로 석가모니 이후 선불교라는 새로운 불교 개혁론자라고 말할 수 있다. 그는 인도 스님이였으나 중국에 와서 큰 발자취를 남긴 스님이다.

4. 以心傳心 不立文字

마음으로써 마음을 전하니 문자를 사용할 필요가 없다

三界興起하여 同歸一心이니
삼 계 흥 기   동 귀 일 심

前佛後佛이 以心傳心하고 不立文字이다
전 불 후 불   이 심 전 심   불 립 문 자

혈맥론

온 세상이 생겨나서 왕성하게 활동하다가

일심(마음)으로 돌아가니

과거불과 미래불이

마음에서 마음으로 진리의 법을 전하니

문자를 사용할 필요가 없다.

새로운 한자

- 興(흥) : 일다. 일어나다. 일으키다
- 起(기) : 일어나다. 일어서다. 일으키다
- 興起(흥기) : 떨치고 일어나는 것. 세력이 왕성하여지는 것
- 同歸(동귀) : 함께 돌아가다
- 傳心(전심) : 마음을 전하다
- 不立(불립) : 세우지 않는다. 사용하지 않다

해설

선종의 문자관은 불립문자관(不立文字觀)이다. 문자를 부정하는 관점이다. '불립문자 교외별전 직지인심 견성성불(不立文字 教外別傳 直指人心 見性成佛)'이 선종의 종지(宗旨)이다. 언어문자는 한계가 있으니, 마음과 마음으로 뜻을 전해 받는 것이 정확하다고 주장한다. 언어로 표현할 수 없는 마음이나 깨달음, 도의 세계는 마음으로 직접 깨달아서 체증할 뿐 말로써는 설명할 수 없다.

달마대사의 《혈맥론》은 달마대사의 이름을 가탁하여 쓰인 책으로 추정하고 있다. '불립문자 교외별전 직지인심 견성성불'의 주장은 중국 당나라에서 선종의 이론이 발전하면서 후에 생긴 이론이다.

불교용어

- **三界**(삼계) : 욕계(欲界) · 색계(色界) · 무색계(無色界)를 뜻한다. 유형 · 무형의 전체 세계를 말한다.

  ① 욕계 : 식욕 · 음욕 · 수면욕 등의 오욕이 강한 세계. 지옥 · 아귀 · 축생 · 아수라 · 인간 · 천상의 육도의 세계가 있다.

  ② 색계 : 욕계와 같은 탐욕은 벗어났으나 아직 색애(色愛), 즉 형(形)에 대한 애착 또는 관념이 남아 있는 세계.

  ③ 무색계 : 형체(색계)도 있고 다만 정신적인 세계이지만, 아직 유애(有愛), 즉 존재에 대한 욕망이 남아 있는 세계.

- **一心**(일심) : 만유(萬有)의 실체(實體)인 진여(眞如)의 다른 이름이다. 여러 가지 차별 있는 모든 현상은 모두 한 원리로부터 발생한 것이라 하는데 그 한 원리가 일심(一心)이라 한다. 진여심(眞如心)·불성·법신·자성의 다른 이름이다. 《대승기신론》과 《화엄경》에 일심이 나온다.

경전소개

- **혈맥론**(血脈論)

《혈맥론》은 예부터 달마대사의 저술로 알려져 왔고, 선사상에서 중요한 책이다. 최근 《혈맥론》에 선익 황금시대였던 당나라 때의 사상이 나타나서 선종 발전 사상사 측면에서 달마대사 사후에 누군가에 의해서 가탁된 책으로 비판 받고 있다. 선종의 가장 중요한 종지와 특성이 문자로 기록된 경전을 부정하는 것이다. 문자를 부정하는 대표적인 문구가 '이심전심 불립문자(以心傳心 不立文字)'이다. '염화시중 이심전심 불립문자 교외별전(拈花示衆 以心傳心 不立文字 敎外別傳)'이란 4구 성어가 있다.

5. 自心是佛

내 마음이 부처다

但是外覓佛者는 盡是不識自心是佛이니
단 시 외 멱 불 자   진 시 불 식 자 심 시 불

亦不得將佛禮佛하며 不得將心念佛이다
역 부 득 장 불 례 불   부 득 장 심 염 불

혈맥론

다만 밖에서 부처를 찾는 것은

모두가 자기의 마음이 부처인 줄 모르기 때문이다.

또한 부처가 부처에게 절을 하지 말며,

내 마음이 부처인데 마음을 가지고 부처를 생각하지 말라.

새로운 한자

- 但(단) : 다만. 단지. 겨우
- 覓(멱) : 찾다. 구하여 찾다
- 識(식) : 알다. 분별하다. 판별하다. 인식하다
- 將(장) : 장차 …하려고 한다
- 將佛(장불) : 부처가 장차 …하려고 한다
- 但是(단시) : 다만
- 覓佛者(멱불자) : 부처를 찾는 구도자
- 不得(부득) : 얻을 수 없다
- 禮佛(예불) : 부처에게 경배하는 것
- 將心(장심) : 마음을 가지고 장차 …하려고 한다

해설

중생이 부처이고, 내 마음이 부처이다. 그런데 어리석은 중생은 부처를 마음 밖에서 찾고, 하늘나라나 깊은 산속에서 찾는다. 자신이 부처인 줄은 모르고 부처를 찾아 먼 곳에서 헤매고 있다. 이것이 중생이다. 자기 마음이 부처인데 내 마음은 생각하지 않고 다른 곳에서 부처를 생각하지 마라. 부처를 마음 밖에서 찾지 말라(心外無佛)는 선 수행의 핵심을 설한 진리이다.

불교용어

- **不識**(불식) : 모른다. 양무제와 달마대사의 대화에서 양무제가 "내 앞에 서있는 당신은 누구입니까? 어떤 사람입니까?"하고 묻자, 달마대사는 "모릅니다(不識)"하였다.
- **自心是佛**(자심시불) : 자신의 마음이 곧 부처다. 내 마음이 부처다.
- **念佛**(염불) : 부처의 모습과 공덕을 생각하면서 '나무 아미타불'을 외거나 불명(佛名)을 부르는 일.

한자문법

- **盡**(진)
  ① 부사로 전부를 총괄함을 나타내며, 동사의 앞에 쓰이고, '모두',

'전부'라고 해석한다.

- **예** **觸草木盡死** : (그 뱀이) 풀과 나무에 닿으면 (초목이) 모두 죽는다.

② 부사로 정도가 지극히 높음을 나타내며, 형용사 앞에 쓰이고, '지극히'라고 해석한다.

- **예** **盡美矣** : 지극히 아름답다.

③ 형용사로 쓰이면, '전부의', '모든'으로 해석한다.

- **예** **盡人皆知** : 모든 사람이 다 안다.

마음을 알아 성품을 보면 스스로 불도를 이룬다

識心見性 自成佛道

一切萬法이 盡在自身心中인데 何不從於
일체만법   진재자신심중   하불종어

自心하여 頓現眞如本性한가 菩薩戒經에 云
자심   돈현진여본성   보살계경   운

하기를 我本源自性이 淸淨하니 識心見性하
       아본원자성   청정   식심견성

면 自成佛道이니 卽時豁然하여 還得本心이다
   자성불도   즉시활연   환득본심

돈황본 법보단경

모든 법이 모두 자신의 마음 가운데 있는데, 어찌하여 자신의 마음을 따라서 진여의 본성을 단번에 나타내지 못하는가.
《보살계경》에 이르기를 '나의 본래 근원인 자성이 맑고 깨끗하다'고 하였으니, 마음을 알아 성품을 보면 스스로 부처님의 도를 성취하는 것이니 곧 활연히 깨쳐서 본래의 마음을 되찾는 것이다.

새로운 한자

- 一切(일체) : 모든 것. 모두
- 萬法(만법) : 모든 법. 인간의 마음으로 인식될 수 있는 물질세계와 정신세계
- 盡(진) : ① 다. 죄다 ② 다되다. 다 없어지다
- 自身心中(자신심중) : 자신의 마음 가운데
- 自心(자심) : 내 마음. 자기 마음
- 頓(돈) : 단번에. 단박에. 갑자기
- 現(현) : ① 나타나다. ②현재
- 頓現(돈현) : 단번에 나타내다
- 菩薩戒經(보살계경) : 보살계본
- 本源(본원) : 본래 근원
- 識(식) : 알다. 판별하다
- 識心(식심) : 마음을 알다
- 自成(자성) : 자기 스스로 성취하다
- 卽時(즉시) : 곧바로
- 豁(활) : ① 넓게 탁 트인 골짜기 ② 열리다. 통하다 ③ 텅 비다. 공허(空虛)
- 활연(豁然) : 활짝 열리는 모양. 의심 · 미혹이 깨끗이 풀리는 모양
- 還(환) : ① 돌아오다. 복귀하다. ② 또. 다시
- 還得(환득) : 되찾다. 다시 얻다

해설

'직지인심 견성성불(直指人心 見性成佛)'을 표방한 달마선종은 육조 혜능대사에 이르러 "마음을 알아 성품을 봄(識心見性)을 주창함으로써, 자성을 확연히 깨달아 생사를 해탈하는 데 역점을 둔다. 자성을 사무쳐보는 것이 부처를 이루는 것(見性成佛)이다.

중국 선종은 육조 혜능대사에 의해서 토대가 형성되었고, 마조대사에 의해서 선의 황금시대를 이루었다.

오늘날 우리 조계종에서 강조하는 간화선의 전통은 송나라 때 대혜(大慧)선사의 《서장(書狀)》에서 확립되었다. 선종의 정통 선법이 돈오선(頓悟禪)이고, 본래 청정한 진여 자성을 구족한 중생이 즉시에 확연

히 본래 마음을 회복하여 부처가 되는 견성성불이다. 이 글은 이러한 선사상이 그대로 나타나 있는《돈황본 육조법보단경》의 핵심 내용이다.

불교용어

- **眞如**(진여) : 불변(不變)이고 진실한 있는 그대로의 모습. 만유(萬有)의 본체. 여래장. 불성. 법신. 보리. 여여(如如) 등 모두 같은 뜻이다.
- **本性**(본성) : 본래 성품. 불성. 진여
- **菩薩戒經**(보살계경) : 보살계본.《법망경》중 대승보살의 계본(戒本)과 관계있는 일부를 구마라집이 한역한 경이다. 보살계인 '십중사십팔경계(十重四+八輕戒)'를 설하였기 때문에 별도로《보살계본》이라 하였다.
- **自性**(자성) : 본성(本性)과 같은 뜻. 만유(萬有)를 생성하는 물질적 근본 원인. 일체 현상에는 각기 본래부터 갖추고 있는 고정 불변의 독자적인 본성이 있는데, 이것을 자성이라 한다. 내 마음의 자성을 불성(佛性), 진여, 여래장이라 한다.
- **自性佛**(자성불) : 자기의 성품이 곧 부처라는 뜻. '내 마음이 부처이다(自心佛)'와 같은 뜻이다.
- **識**(식) : 대상을 분별·식별하는 인식작용. 6근(六根, 인식기관)과 6경(六境, 인식의 대상)을 연(緣)하고, 그 작용을 일으킨다. 초기불교 이래 식(識)은 심적(心的) 작용을 총징하는 용어로 사용되었다. 대승불교에서는 기본적으로 안식(眼識)·이식(耳識)·비식(鼻識)·설식(舌識)·신식(身識)이라는

다섯 가지 감각기관을 지배하는 초기 의식(전오식)과 이 다섯 가지를 통하여 종합적으로 판단하는 의식(意識)인 육식(六識)을 가리킨다.
- **見性**(견성) : 자기의 본성(불성)이 바로 부처의 본성(불성)임을 깨닫는 것. 오도(悟道).
- **本心**(본심) : 본래 마음. 불성. 자성. 진여. 법성. 법신. 여래장.

읽기자료

- **성불론**

《대승열반경》에 '일체중생 실유불성(一切衆生 悉有佛性)'이라는 문장이 나온다. 이것은 불성의 내재를 심(心)·의식(意識)을 지닌 유정(有情)에 한정하고, 비정(非情, 무생물)의 존재를 배제하는 것이다. 중국의 화엄, 천태학에서는 모든 존재가 사사무애(事事無碍)로 원융한다고 하는 세계관에 서서 불성의 편만성(遍滿性)을 주장하고, 이것을 배경으로 하여 초목이나 흙 등 무정물도 모두 성불할 수 있다는 '초목국토 실개성불(草木國土 悉皆成佛)'등의 사상도 생겼다.

7. 善知識示導 見性

선지식의 지도를 받아서 그대로 성품을 보아라

三世諸佛과 十二部經이 云在人性中하여
삼 세 제 불　　십 이 부 경　　운 재 인 성 중

本自本有라도 不能自性悟하면 須得善知識
본 자 본 유　　　불 능 자 성 오　　　수 득 선 지 식

示導하여 見性하라
시 도　　　견 성

육조법보단경

삼세의 모든 부처님과 십이부의 경전이 사람의 성품 가운데 본래부터 스스로 갖추어져 있다고 하더라도, 자기의 성품을 스스로 깨치지 못하였다면 반드시 선지식의 지도를 받아서 성품을 보아야 한다.

새로운 한자

- 人性(인성) : 사람의 성품
- 性悟(성오) : 성품을 깨닫다
- 須得(수득) : 반드시 …해야 한다
- 善知識(선지식) : 정직·유덕(有德)한 스승으로, 다른 이로 하여금 고통의 세계에서 벗어나 열반의 세계로 이르게 하는 사람(↔惡知識)
- 示導(시도) : 지도를 받다
- 導(도) : 이끌다. 길잡이를 하다. 가르치다

해설

선지식(善知識)이란 학덕이 있고 지혜가 높은 선사, 또는 정법(正法)을 설하여 사람을 바로 길로 인도하는 스승이나 종사가(宗師家)를 총칭한다. 같이 수행하는 동행(同行) 선지식 즉, 도우(道友)의 뜻도 있지만 여기서는 두 가지 뜻이 함께 쓰인다.

《육조법보단경》에 선지식이 무수히 많이 나오고 있는데 특히 선지식의 지도를 받아서 견성성불한 것을 강조하고 있다. 공부하는 사람에게 먼저 길을 가고 또 먼저 깨달은 스승인 선지식의 가르침이 중요한 것은 불문가지이다.

불교용어

- **三世**(삼세) : 과거 · 현재 · 미래. 모든 존재(諸法)가 생멸변화하여 떨어져 가는 시간 과정을 말한다.
- **諸佛**(제불) : 모든 부처님. 과거 · 현재 · 미래의 모든 부처님, 다불(多佛). 현세의 석가모니부처님 외에 무수히 많은 깨달음을 얻은 과거불과 또 미래에 깨달음을 얻어 부처가 될 것이라는 수기를 받은 모든 부처님.
- **十二部經**(십이부경) : 부처님의 교설을 그 경문의 성격과 형식으로 구분하여 12가지로 나눈 것.
- **本有**(본유) : 본래적인 존재. 처음부터 있는 것. 실재(實在). 본래구유

(本來具有)의 뜻. 본유는 범부와 성자가 똑같이 본래부터 선천적으로 모두 갖추고 있어 결함이 없는 진여(眞如)·법성(法性)·불성의 덕을 말함.

읽기자료

• **선지식**

선지식에 대한 의미를 경전과 조사어록을 찾아보니 대략 다음과 같은 뜻이 있었다. 경전에 나타난 스승(교사)에 가장 적합한 말이 선지식(善知識)이다.

《선학사전》에서는 선지식에 대해 다음과 같이 풀이하였다.

"학덕이 있고 지혜가 높은 선사. 정법을 설하여 사람을 바른길로 인도하는 스승."

《화엄경》에 나타난 선지식에 대한 설명은 다음과 같다.

"선지식이란 자애로운 어머니와 같으니 부처님의 종자를 낳기 때문이며, 자애로운 아버지와 같으니 이익을 넓고 크게 하기 때문이며, 유모와 같으니 지키고 보호하여 악을 저지르게 하지 않기 때문이 교사와 같으니 보살이 배울 내용을 보여 주기 때문이다."

《선태사교의》에는 세 가지 선지식에 대하여 설명하고 있다.

"선지식에는 세 가지가 있으니 하나는 밖에서 보호하는 선지식이고, 둘은 수행을 함께하는 선지식이다, 셋은 가르쳐주는 선지식이다."

불법을 전하는 사람들이나 수행자는 여래의 사자로서 이 시대의 선지식들이다. 항상 수행을 게을리 해서는 안 될 뿐만 아니라 인격 도야와 학문 연마에도 부족함이 있어서는 안 될 것이다.

8 人性本淨

사람의 성품이 본래가 청정하다

人性은 本淨이나 僞妄 念故로
인성　　본정　　　위망 념고

蓋覆眞如하니 離妄念하면 本性이 淨하다
개복진여　　　이망념　　　　본성　　정

돈황본 육조법보단경

사람의 성품은 본래 청정하나 망념이 있어서
참된 마음을 덮고 있으니, 망념이 없어지면
본래의 성품이 깨끗해진다.

새로운 한자

- **本淨**(본정) : 본래 청정하다
- **覆**(복) : 덮어 싸다. 덮다. 덮어 씌우다
- **眞如**(진여) : 참된 마음. 불성. 자성. 법성
- **本性**(본성) : 본래 성품
- **蓋**(개) : 덮다. 뚜껑을 덮다. 덮어 씌우다
- **蓋覆**(개복) : 덮다. 덮어 씌우다
- **離**(리) : 떠나다. 없어지다
- **淨**(정) : 깨끗하다

해설

혜능대사가 신수대사와 겨루웠던 게송의 내용인 '불성상청정(佛性常淸淨)'이다. 불성이 본래 청정하고, 우리의 마음이 본래 청정하다. 그러니 번뇌 티끌이 어찌 낄 수가 있으며, 닦고 말고 할 것도 없이 본래가 청정하다. 단지 마음에 안개가 끼었으니 바람이 불면 저절로 사라질 것이다.

경전소개

- **육조단경**(六祖壇經)

  육조 혜능(六祖 慧能)의 언행록 또는 법어집인데. 선종에서는 부처님의 경전에 준하는 대접을 받는 선어록이다. 내용은 견성성불(見性成佛)사상이다. 중국 선종의 정통선은 남종(南宗) 돈오선 사상과 혜능의 정통성이 확립된 책이다.

  1900년에 발견된 '돈황본 육조법보단경'은 하택신회(荷澤神會)가 수제자로 나타나 있고, 신회의 저작인 《단어》·《신회어록》과 동일한 내용이 나타나 있다.

본래 마음을 알지 못하면 불법을 배워도 이로움이 없다

不識本心 學法無益

不識本心하면 學法無益이니
불 식 본 심   학 법 무 익

識心見性하면 即悟大意이다
식 심 견 성   즉 오 대 의

돈황본 육조법보단경

본래 마음을 알지 못하면 불법을 배워도 이로움이 없으니,

마음을 알아 성품을 보면 곧 큰 뜻을 깨치게 된다.

새로운 한자

- 本心(본심) : 본래의 마음. 진여심. 불성
- 無益(무익) : 이익이 없다
- 見性(견성) : 성품(불성)을 보다. 품성을 깨닫다
- 悟(오) : 깨닫다
- 學法(학법) : 불법을 배우다
- 識心(식심) : 마음을 알다
- 大意(대의) : 큰 뜻

해설

본래의 마음을 모르고 수행하면 백년을 수행해도 아무런 이익됨이 없다. 부처님께서 깨달으신 진리의 내용을 한마디로 요약하면 '마음(心)'이다. 마음으로 모든 사물을 인식하고 판단한다. 마음이 세상의 모든 것을 창조하고 만든다. 그래서 '마음이 곧 부처이다(自心卽佛)'이라고 하였다.

본래 마음이 자성이고 불성이다. 자기 본래 성품을 발견하면 곧바로 부처이다. 견성성불이다.

목적지를 찾아갈 때 길을 알고 가는 사람과 모르고 가는 사람은 큰 차이가 있다. 불교 공부도 교법(教法)을 알고, 수행하면 빨리 공부가 성취된다. 이것이 달마대사가 말씀한 '자교오종(藉教悟宗)'이다.

10 但識衆生 卽能見佛

중생을 알면 능히 부처를 볼 수 있다

但識衆生하면 卽能見佛이요
단 식 중 생　　즉 능 견 불

若不識衆生하면
약 불 식 중 생

覓佛萬劫하여도 不得見也이다
멱 불 만 겁　　　　부 득 견 야

돈황본 육조법보단경

중생을 알면 곧 능히 부처를 볼 것이다.

만약 중생을 알지 못하면

만겁토록 부처를 찾아도 보지 못한다.

새로운 한자

- 但(단) : 다만
- 不識衆生(불식중생) : 중생을 모르다
- 覓佛(멱불) : 부처를 찾다
- 不得(부득) : 얻을 수 없다
- 見佛(견불) : 부처를 보다
- 覓(멱) : 찾다
- 萬劫(만겁) : 아주 오랜 시간을 뜻함

해설

중생이 부처다. 《화엄경》에서 '마음과 부처와 중생은 아무 차별이 없다'고 했다. 따라서 부처를 찾으려면 가까이에 있는 중생에게서 찾으면 된다. 중생을 알면 자동으로 부처를 안다. 중생이 그대로 부처이기 때문이다.

한용운은 《님의 침묵》 '군말'에서 "중생이 석가의 님이다"고 읊었다. 본래 중생과 부처는 차별이 없다. 하나다.

불교용어

- **劫**(겁) : 범어 Kalpa의 음역으로 겁파(劫波)의 줄임말이다. 헤아릴 수 없는 아득한 시간을 뜻한다. 개자겁(芥子劫)과 불석겁(拂石劫)·반석겁(盤石劫)의 비유가 있다.

11 佛法在世間

불법은 세간에 있다

佛法在世間이니 不離世間覺이다
불법재세간　　　불리세간각

離世覓菩提는 恰似求兎角이다
리세멱보리　　　흡사구토각

돈황본 육조법보단경

불법이 세간에 있으니 세간을 떠나지 않고 깨칠 수 있다.
세상을 여의고 도를 찾으면 토끼에서 뿔을 구하는 것과 같다.

새로운 한자

- 不離(불리) : 떠나지 않다
- 離世(이세) : 세간(세상)을 떠나다
- 恰似(흡사) : 거의 같음. 비슷함
- 求(구) : 구하다
- 角(각) : ① 뿔. 짐승의 뿔 ② 모. 귀. 모진 데
- 覺(각) : 깨달음
- 恰(흡) : 마치. 꼭
- 似(사) : 같다. 같게 하다. 닮다
- 兎(토) : 토끼
- 兎角(토각) : 토끼의 뿔. 이름만 있고 실제 존재하지 않는 것을 비유하는 말. '개의 뿔'과 같은 말

해설

보조 지눌국사는 '땅에서 넘어진 자는 땅을 짚고 일어나야 한다'고 했다. 부처님의 불법도 하늘나라 · 별나라에서 펼쳐지는 것이 아니라 우리 중생이 살고 있는 이 세상에서 생겨나고 실천되는 것이다. 불법을 중생을 떠나 깊은 산속에서 구하는 것도 마찬가지이다. 불법은 우리가 살고 있는 이 세간(세상)을 떠나 있을 수 없다. 따라서 중생과 세상을 떠나서 불법을 구하는 것은 토끼에게서 뿔을 구하는 것처럼 불가능한 일이라고 육조 혜능대사는 설하고 있다. 중국의 선종은 현실주의 · 현세주의 철학이다.

불교용어

- **世間**(세간) : ① 일반 사회 · 세상 · 세속(世俗)과 같은 뜻. ② 세상의 모든 사상(事象) · 사물(事物)을 가리킨다. 중생이 사는 세상인 육도(六道 : 지옥 · 아귀 · 축생 · 아수라 · 인간 · 천상)의 세계를 뜻한다.
- **菩提**(보리) : 범어 bodhi의 음역으로, '깨닫다'의 뜻이다.

12. 唯觀心一法 總攝諸法

오직 마음을 관찰하는 하나의 법이 모든 법을 다 거두어 들인다

問曰하기를 若復有人이 志求佛道하면 當修
문왈   약복유인   지구불도   당수

何法해야 最爲省要합니까
하법   최위성요

答曰하기를 唯觀心一法이 總攝諸法이니 最
답왈   유관심일법   총섭제법   최

爲省要이다
위성요

파상론

어떤 스님이 신수대사에게 물었다.

"만약 어떤 사람이 부처님의 도를 구하려는 뜻을 두었다면 어떤 법을 닦는 것이 가장 핵심적인 것입니까?"

신수대사가 대답하였다.

"오직 마음을 관찰하는 하나의 법(觀心一法)이 모든 법을 다 거두어 들이는 가장 분명하고 긴요한 것이다.

새로운 한자

- 問曰(문왈) : 묻기를
- 有人(유인) : 어떤 사람이 있어
- 志(지) : 뜻
- 佛道(불도) : 부처의 깨달음에 이르기까지의 가르침이나 수행. 법도(法道). 불법(佛法)
- 何法(하법) : 어떤 법
- 省(성) : ① 살피다. 살펴보다. 분명하게 알다 ② 깨닫다. 좋다
- 要(요) : ① 구하다. 요구하다. 통괄하다. 합치다 ② 생략(省略). 간략(簡略)
- 省要(성요) : 시시한 것은 생략하고 가장 중요한 핵심
- 觀心(관심) : 마음을 관찰하다
- 一法(일법) : 하나의 법
- 總(총) : 거느리다. 모두. 다. 총괄(總括)
- 總攝(총섭) : 전체를 총괄하여 다스림
- 攝(섭) : 당기다. 끌어당기다. 잡다. 다스리다

해설

《파상론》은 신수대사의 저서로 《관심론》과 같은 책이다. 《관심론》은 달마대사의 저서로 오인하여 전해오다가 돈황본 문헌이 발굴되고, 혜림의 《일체경음의》에 의해서 신수대사의 저술로 판명되었다. 신수대사의 선풍이 점수(漸修)인 북종선이므로 돈오인 남종선보다 못하다고 폄하한 역사적 사실이 얼마나 우스운 일인가를 알 수 있는 내용이다. 신수대사의 주장도 마음이 일체의 근본이며, 일체는 오직 마음의 발현이므로 마음을 깨달으면 일체는 갖추게 된다는 것이다. 신수대사는 '오직 마음을 관찰하는 하나의 법이 모든 법을 다 거두어 들이는 가장 분명하고 긴요한 것이다'고 하였다.

경전소개

- **파상론**(破相論)

《관심론(觀心論)》과 같은 책으로 당나라 때 신수대사의 책이다. 마음은 일체의 근본이며, 일체는 오직 마음의 발현이므로 마음을 깨달으면 일체는 갖추게 되며, 관심(觀心)으로 청정한 자신의 본래 성품을 자각하면 무명(無明)이 제거되어 해탈에 이른다고 설한다.

《선문촬요》에는《파상론》을 달마대사의 저작으로 수록하고 있으나, 혜림(慧琳)의《일체경음의(一切經音義)》에 의해 신수대사가 지은 것으로 판명되었다.

인물소개

- **신수대사**(神秀大師, 606~706) : 당나라 태종·고종·중종 때의 선승으로 북종선의 개조이다. 측천무후의 귀의를 받고 장안·낙양 양경(兩京)의 법주(法主)이고 측천무후·중종·예종의 삼제(三帝) 국사(國師)가 되었다. 시호는 대통선사(大通禪師)이다. 노장사상과 서경과 주역 그리고 삼승경론(三乘經論), 사분율의 훈고음운(訓詁音韻) 등에 통하였다. 저서로는《관심론》1권이 있다.

13 心者萬法之根本
마음이란 만법의 근본이다

問曰하되 何一法이 能攝諸法입니까
문왈   하일법   능섭제법

答하기를 心者는 萬法之根本이다 一切諸法
답   심자   만법지근본   일체제법

이 唯心所生이니 若能了心하면 則萬法俱
  유심소생   약능요심   칙만법구

備함이 猶如大樹와 所有枝條와 及諸花果
비   유여대수   소유지조   급제화과

가 皆皆悉依根而始生하여 及伐樹去根而
  개개실의근이시생   급벌수거근이

必死한다 若了心修道하면 則少力而易成하
필사   약료심수도   칙소력이역성

고 不了心而修하면 費功而無益이다 故知一
  불료심이수   비공이무익   고지일

切善惡이 皆由自心이니 心外別求하면 終
절선악   개유자심   심외별구   종

無是處이다
무시처

파상론

어떤 스님이 신수대사에게 묻기를 "어떻게 한 법(一法)이 모든 법을 거두어 들일 수 있습니까?"라고 하였다.

신수대사가 대답하였다.

"마음이란 만법의 근본으로 모든 법은 오직 마음에서 생겨난다. 만약 능히 마음을 깨달으면 곧 만법을 갖추게 되는 것이 마치 큰 나뭇가지와 모든 꽃과 열매가 다 뿌리를 의지해야 비로소 생겨나는 것과 같아서 나무를 베어 뿌리를 제거하면 반드시 죽게 된다.

만약 마음을 깨닫고 수도하면 곧 힘을 덜 들이고도 쉽게 이루고, 마음을 깨닫지 못하고 수도하면 곧 공력만 허비하고 이익이 없다. 그러므로 일체의 선악이 모두 자신의 마음에서 비롯되니, 마음 밖에서 따로 구하면 결국은 옳지 않다."

새로운 한자

- 根本(근본) : 초목의 뿌리. 사물이 생겨나는 데 바탕이 되는 것. 기본. 기초
- 心所生(심소생) : 마음에서 생겨나다
- 了(료) : 마치다. 끝나다. 깨닫다. 밝다. 총명하다
- 了心(요심) : 마음을 잘 헤아려서 깨닫다
- 俱備(구비) : 필요한 것을 빠짐없이 갖춤. 두루 갖춤
- 俱(구) : 함께. 다. 모두. 갖추다
- 備(비) : 갖추다. 마련하다. 준비하다
- 猶(유) : 마치 …와 같다. 오히려. 써
- 猶如(유여) : 마치 …와 같다
- 樹(수) : 나무. 초목(草木). 심다
- 枝(지) : 가지. 가지가 나오다
- 條(조) : 가지. 나뭇가지. 조목. 사항
- 枝條(지조) : 나뭇가지
- 及(급) : 그리고. 및
- 花果(화과) : 꽃과 열매
- 皆(개) : 모두
- 悉(실) : 모두

- 依(의) : 의지하다
- 伐(벌) : ① 베다. 벌목 ② 치다. 적을 공격하다
- 修道(수도) : 도를 닦음
- 易成(이성) : 쉽게 성취되다
- 功(공) : 공. 공로. 일의 보람
- 心外別求(심외별구) : 마음 밖에서 따로이 구하다
- 終(종) : ① 끝나다. 다되다 ② 마침내. 끝. 결국은
- 始(시) : 처음. 시간적으로나 순서상으로 맨 앞
- 去(거) : 제거하다
- 易(이) : ① 쉽다 ② 바꾸다(※'역'으로 발음)
- 費(비) : ① 쓰다. 소모되다 ② 비용. 용도
- 無益(무익) : 이익이 없다
- 無是(무시) : 옳지 않다

해설

신수대사의 마음 법문이다. 마음이 만법의 근본으로써 마음을 깨달으면 곧 만법을 깨닫게 되는 것이다. 마치 큰 나무에 나뭇가지와 꽃 그리고 열매가 있는데 모두 뿌리에 의지해 있는 것과 같다.

뿌리를 제거하면 나무 모두가 죽는다. 마음을 깨닫고 수도하면 저절로 이루어지고 마음을 깨닫지 못하고 수도하면 힘만 들 뿐 아무런 이익이 없다고 설하고 있다.

이런 내용을 돈오점수(頓悟漸修)니, 선 사상이니, 덜 떨어진 북종선이니 하는 것은 어리석은 것이다. 신수대사는 삼제(三帝)의 국사(國師)요, 양경(兩京)의 법주(法主)였다.

14 衆生身中 有金剛佛性

중생의 몸 안에 금강 불성이 있다

故로 十地經에 云이르기를 衆生身中에 有金剛佛性하여 猶如日輪이 體明圓滿하여 廣大無邊하지만 只爲五陰重雲覆하여 如瓶內燈光이 不能顯現이다 又涅槃經에 云이르기를 一切衆生이 悉有佛性이나 無明覆故로 不得解脫하였다 佛性者는 卽覺性也이니 但自覺覺他하야 覺智明了하여 則名解脫이다

파상론

그러므로 《십지경》에 "중생의 몸 안에 금강과 같은 불성이 있으니, 마치 태양이 본체가 밝고 원만하여 광대무변하건만 다만 오음의 두터운 구름에 덮여 마치 병 속의 등불이 빛을 드러내지 못하는 것과 같다"라고 하였고, 또 《열반경》에서 "모든 중생이 모두 불성이 있

으나 무명에 덮여 있기 때문에 해탈하지 못한다"라고 하였다.
불성이란 곧 깨닫는 성품이니, 다만 스스로 깨닫고 남을 깨닫게 하여 깨달은 지혜가 분명해지면 해탈이라 부른다.

새로운 한자

- 身中(신중) : 몸 속. 몸 가운데
- 日輪(일륜) : 태양을 불교에서 이르는 말
- 體明(체명) : 본체가 밝다
- 圓滿(원만) : 모난 데가 없이 둥글둥글하고 부드러움. 일이 잘 되어 순조로움
- 廣(광) : 넓다. 면적이 크다
- 廣大(광대) : 넓고 크다
- 邊(변) : ① 가. 가장자리. ② 끝. 한계
- 只(지) : ① 다만(포괄하는 범위를 일정한 것에 국한하는 뜻을 나타낸다) ② 어조사
- 五陰(오음) : 오온(五蘊). 인간을 몸과 정신적인 면으로 분류한 것
- 瓶(병) : 병
- 燈(등) : 등
- 燈光(등광) : 등불의 빛
- 顯現(현현) : 명백하게 나타나거나 나타내는 것
- 解脫(해탈) : 고통에서 해방됨
- 覺性(각성) : 깨닫는 성품. 부처의 성품. 오성(悟性)
- 自覺(자각) : 스스로 깨닫다(자리행)
- 覺他(각타) : 남을 깨닫게하다(이타행)
- 覺智(각지) : 깨달음의 지혜
- 明了(명료) : 밝게 드러남. 분명함
- 則名(즉명) : ~라 이름한다. 부른다
- 猶如(유여) : …와 같다
- 體(체) : 몸. 형태. 모습. 본체

해설

불성(佛性)에 대한 설명을 《십지경》과 《열반경》에 근거하여 명료하게 설명하고 있다. 모든 중생이 불성이 있어서 누구나 성불할 수가 있다. 그러나 성불하지 못한 이유는 무명(無明)과 오음(五陰)의 먹구름이 불성을

가리기 때문이다. 마치 병 속에 있는 등불의 빛이 병에 가려서 빛을 발휘하지 못하는 것처럼, 병 속에서 등불을 꺼내면 금방 불빛이 발휘된다. 우리의 불성도 그와 같다. 신수대사의 학문과 불성에 대한 깨달음이 명료하고 논리가 분명하다. 선종에서의 핵심은 마음을 깨닫는 것이고, 그 마음은 불성이다. 북종선이다, 정통이 아니다, 하는 신수대사에 대한 편견은 옳지 못하다. 편견을 가진 사람은 절대로 진리와 진실을 찾을 수도 볼 수도 없다.

불교용어

- **金剛**(금강) : 금강석. 다이아몬드. 매우 단단하여 결코 파괴되지 않음. 불교에서는 대일여래(大日如來)의 지덕(知德)이 견고하여 일체의 번뇌를 깨뜨릴 수 있음을 표현한 말이다.
- **佛性**(불성) : 불성은 부처가 될 수 있는 가능성이다. 깨달음을 성취할 수 있는 가능성, 바탕, 속성 범어로 Budhadhatu(붓다다투)로 번역하면 '불(佛)로서의 본질', '불이 될 수 있는 가능성'을 의미한다. 여래가 될 수 있는 바탕을 갖추고 있다는 뜻에서 '여래장(如來藏)'과 동의어로 쓰인다.

초기불교에서는 수행을 해도 아라한 정도의 성자는 될 수 있어도 고타마 석가모니와 같은 부처가 될 수 없다고 생각했다. 부처는 오직 석가모니 한 분으로서 그 외는 인정하지 않았다. 그러나 대승불교가 전개되면서 중생으로서의 보살이 등장함과 동시에 적극적으로 보살은 물론 중생이라면 누구나 부처가 될 수 있다고 하였는데, 모든 중생이 본래 부처가 될 수 있는 본질을 갖고 있다는 것을 주장하는 여래장·불성사상이 그 대표적인 것이다.

《열반경》에서는 본질적으로 "모든 중생에게는 불성이 있다(一切衆生悉有佛性)"고 설명하는 한편, 구제로부터 제외된 일천제(一闡提)도 성불할 수 있다고 말한다.

- **金剛佛性**(금강불성) : 모든 번뇌를 깨뜨릴 수 있는 금강과 같은 부처의 성품.

- **體**(체) : 일반적으로는 몸·신체·덩치·형태·모습·본성·본질로서 작용의 근원으로 본체·실체 등의 뜻이다. 불법(佛法)에 있어서는 신체색질(身體色質)의 뜻과 본체(本體)·실체(實體)의 뜻. 그리고 용(用)에 대한 말로서, 일체의 용(用), 즉 활동의 근원이란 뜻으로 사용하고 있다.

- **五陰**(오음) : 오온(五蘊)을 뜻함. 인간이란 존재를 다섯 가지 요소로 화합된 것으로 분석한 것이다. ① 색(色)이란 물질로서 우리의 신체를 뜻함. 인간의 몸, 즉 물질적인 면이고, 수상행식(受想行識)은 정신적인 면을 설명한 것이다. ② 수(受)란 감수(感受)작용를 말한다. 즉 외부의 자극이나 대상에 대하여 감각·지각(知覺)하는 것임. ③ 상(想)이란 표상(表象)작용을 말하는데, 감수한 것을 색(色)이나 형태에 있어서 마음 안에 생각해 내고 표상(表象)하여 개념화하는 것이다. ④ 행(行)이란 의지(意志作用)을 말하는데, 대상에 대하여 스스로의 의지에 따라 적극적으로 활동하는 작용. ⑤ 식(識)이란 식별(識別)작용을 말하는데, 종합적

으로 판단, 판별, 구별하는 것을 말한다.

경전소개

• **십지경**(十地經)

인도의 세친(世親, 바수반두)이 《화엄경》〈십지품(十地品)〉을 번역한 것이 《십지경》이다. 보살이 수행하는 계위(階位)를 내용으로 하였는데, 일승(一乘)의 교법에 의탁할 것을 강조한다. 제8식을 아뢰야식(阿賴耶識)이라 하고, 제7식을 아다나(adana)식이라고 하였다. 중국 육조시대에 지론종(地論宗)의 소의경전이다.

• **열반경**(涅槃經)

《열반경》은 《아함경》에 속해 있는 '소승열반경'이 있고, 대승경전인 《대승열반경》 두 종류가 있다.

여기서는 《대승열반경》의 내용이다. 《대승열반경》의 요점은, 역사적으로 알려진 석가모니의 열반은 사실은 중생을 교화하기 위하여 임시로 받은 육신의 모습일 뿐, 진실 즉 법신(法身)은 영원불멸이라는 것이다. 또한 부처의 본질은 불성(佛性)·여래장(如來藏)으로서 모든 중생이 자기 마음 안에 소유하고 있다고 하였다. 이것을 '일체중생 실유불성(一切衆生 悉有佛性)'이라는 말로 나타내고 있다. 이렇게 해서 모든 중생이 다 성불할 수 있다고 했으며, '일천제(一闡提, 구제 불능자)'도 성불할 수 있다는 것이다.

15 磨磚豈得成鏡
벽돌을 갈아서 어찌 거울을 만들 수 있겠습니까

唐開元中에 習定於衡嶽傳法院에서 和尙이
당개원중　　習定於衡嶽傳法院　　　　화상

知是法器하여 問曰하기를 大德坐禪은
지시법기　　　문왈　　　　대덕좌선

圖什麽입니까 師曰하기를 圖作佛이오 讓乃
도십마　　　사왈　　　　도작불　　양내

取一磚하여 於彼庵前磨하다 師曰하기를
취일전　　　어피암전마　　　사왈

磨磚作麽입니까 讓曰하기를 磨磚鏡이요
마전작마　　　양왈　　　　마전경

師曰하기를 磨磚豈得成鏡이요 讓曰하기를
사왈　　　　마전개득성경　　　양왈

磨磚旣不成鏡인데 坐禪豈得成佛耶하겠
마전기불성경　　　좌선기득성불야

는가 師曰하기를 如何卽是합니까 讓曰하기
　　　사왈　　　　여하즉시　　　양왈

를 如牛駕車가 車不行이면 打車卽是할까
　　여우가거　　거불행　　　타거즉시

打牛卽是이다 師無對하다
타우즉시　　　사무대

마조어록

당나라 개원 중에 (마조대사가) 형산의 전법원에서 좌선 수행할 때, (남악 회양선사를 만났다) 회양선사는 마조가 큰 그릇임을 알아차리고 물었다.

"스님께서는 무엇하려고 좌선을 합니까?"

마조가 대답했다.

"부처가 되려고 합니다."

그러자 회양선사는 기왓장 하나를 암자 앞에서 갈기 시작했다.

마조가 물었다.

"기왓장을 갈아서 무엇하실 것입니까?"

회양선사가 말했다.

"거울을 만들 것이요."

마조가 말했다.

"기왓장을 간다고 어찌 거울이 되겠습니까?"

회양선사가 말했다.

"기왓장을 갈아서 거울을 만들 수 없듯이 좌선을 해서 어찌 부처가 될 수 있겠는가?"

마조가 물었다.

"어찌해야 합니까?"

회양선사가 말했다.

"소가 수레를 끌고 가는데 만일 수레가 가지 않으면, 수레를 때려야 하겠는가? 아니면 소를 때려야 하겠는가?"

마조는 아무 말도 하지 못했다.

새로운 한자

- 唐(당) : 당나라. 중국의 왕조 이름
- 開元(개원) : 당 6대 황제인 현종(玄宗)의 연호로 713~741년 동안의 시기
- 習(습) : 익히다. 연습하다. 닦다
- 衡岳(형악) : 호남성에 있는 중국의 4대 산인 형산(衡山)
- 遇(우) : 만나다
- 讓和尙(양화상) : 남악 회양(南岳 懷讓)선사. 6조 혜능의 뒤를 이어 중국 선종 7조 조사가 됨
- 和尙(화상) : 수행을 많이 한 승려. '중'의 높임말
- 大德(대덕) : ① 넓고 큰 인덕(仁德) ② 덕이 높은 고승
- 圖(도) : ① 꾀하다. 대책과 방법을 세우다 ② 그림 ③ 책. 서적
- 什麽(십마) : 무엇. 甚麽(심마)와 같음
- 圖什麽(도십마) : 무엇을 합니까?
- 圖作佛(도작불) : 부처가 되려고 한다
- 乃(내) : ① 이에(윗말을 받아 아랫말을 일으키는 접속사) ② 곧(강조의 뜻을 나타내는 말)
- 取(취) : ① 가지다. 손에 들다 ② 취하다 ③ 어조사로 수동의 뜻을 나타낸다
- 磚(전) : 벽돌
- 庵(암) : 암자
- 磨(마) : 갈다
- 磨磚(마전) : 벽돌을 갈다
- 麽(마) : 속어에 쓰는 의문 어조사
- 作麽(작마) : 무엇을 만듭니까?
- 作鏡(작경) : 거울을 만들다
- 豈(기) : 이미
- 成鏡(성경) : 거울이 만들어지다. 거울이 되다
- 旣(기) : 이미
- 耶(야) : 의문조사
- 豈…耶(기…야) : 어찌 …하겠는가
- 如何(여하) : 의문을 나타냄. 어찌합니까
- 駕(가) : ① 멍에. 멍에한다. 수레에 말을 메우다 ② 탈것. 거마(車馬)
- 駕車(가거) : 수레
- 打(타) : 치다
- 無對(무대) : 상대하지 않다. 대답하지 않다

해설

《마조어록》의 첫 번째 글이다. 호남성 형산 전법원에서 남악 회양선사와 마조대사가 만나서 '마전(磨磚)'의 공안이 생긴 일화를 기록하고

있다. 이 글의 내용은 마조대사가 중국 선종의 7조 조사 남악 회양선사의 선법을 이어받은 '기와를 갈아서 거울 만들기' 일화이다.

중국 선종사에서 마조대사는 대단히 중요하다. 그의 문하가 중국 선종을 장악하여 전성기를 이루게 된다. 중국 초기 선종사에서 6조 혜능대사와 신수대사의 정통성 다툼 그리고 7조 조사에 대한 불확실성이 있다. 돈황본《육조법보단경》에는 '남악 회양선사'에 대한 언급이 한마디도 없다. 하택 신회선사는 7조가 되기 위해 혜능을 6조로 내세우는 현창운동을 하였다. 어쨌든 마조대사에 와서는 서강의 홍주종이 천하를 통일하였다. 그 후 선종의 역사서인《전등록》을 위시하여 선종서에서 8조 마조대사를 중심으로 중국 선종의 역사가 기록되고 있다.

불교용어

- **傳法院**(전법원) : 부처님의 불법을 전하는 절이란 뜻. 중국 호남성 형산에 있는 절로 7조 남악 회양선사와 마조대사가 함께 수행했던 절로 '마경(磨鏡)'의 화두로 유명하다.
- **法器**(법기) : ① 불도를 능히 배우고 수행할 수 있는 소질이 있는 사람. ② 공양할 때 밥을 담는 그릇.
- **坐禪**(좌선) : 불교의 중심적인 수행법의 하나로, 특히 선종의 근간을 이루는 수행 명상법이다. 원칙적으로 가부좌를 하고 정신을 집중하여 무념무상의 상태에 들어가는 것. 안선(安禪), 연좌(宴坐)라고도 한다.

인물소개

- **마조대사**(馬祖大師, 709~788) : 한주(漢州) 사람으로 속성이 마(馬)씨이고, 나한사(羅漢寺)에서 출가했다. 용모가 기이하였는데, 걸음걸이는 소와 같았고, 눈초리는 호랑이 같았으며(牛行虎視), 혀를 내밀면 코에 닿았고(引舌過鼻), 발바닥에는 두 개의 바퀴 무늬가 있었다(足下有二輪文). 6조 혜능이 남악 회양에게 말하기를 "인도의 제27대 조사인 반야다라가 예언하기를 그대의 문하에서 한 마리의 말이 나와 천하의 사람들을 밟아 죽일 것이라고 하였다"고 하였는데 마조 도일(馬祖道一)선사를 두고 한 말이었다.

마조대사는 중국 당나라 현종 · 숙종 · 대종 때의 대선승으로 개원 연중(開元年中, 713~741)에 남악 회양선사에게 가서 9년 동안 사사(私事)하여 심인(心印)을 받았다.

입실(入室)제자가 139명이 되었고, 중국 선불교는 마조대사에 의해서 선의 황금시대를 열었다. 백장 · 대매 · 염관 · 남전 등 기라성 같은 제자를 배출하였고, '강서(江西)의 마조'라고 불렸다.

마조대사의 선사상의 특징은 촉류시도(觸類是道), 임심위수(任心爲修), 즉심즉불(卽心卽佛), 비심비불(非心非佛), 평상심시도(平常心是道), 도불속수(道不屬修)이다.

16. 心外無別佛

마음 밖에 따로 부처가 없다

夫求法者는 應無所求하니 心外無別佛이고
佛外無別心이다 不取善하고 不捨惡하고 淨
穢兩邊을 俱不依하라 達罪性空하고 念念
不可得하여 無自性故이므로 故 三界唯心하
며 森羅及萬象이 一法之所印이다

마조어록

무릇 진리를 찾는 사람은 찾는 것이 없어야 하니, 마음 밖에 따로 부처가 없고 부처 밖에 따로 마음이 없기 때문이다. 선이라고 하여 취하지도 말고, 악이라고 하여 버리지도 말며, 깨끗함과 더러움의 어느 쪽에도 기대거나 믿지 말아야 한다. 죄의 자성이 공(空)이라는 사실을 깨달으면 어느 순간에도 죄는 있을 수가 없으니 자성이란 본래 없기 때문이다. 그러므로 삼계(三界)는 오직 마음이며, 삼라만상은 마음 하나가 찍어낸 것이다.

새로운 한자

- 求法者(구법자) : 불법을 구하는 사람
- 無所求(무소구) : 구하는 바가 없다
- 不捨惡(불사악) : 악을 버리지도 말라
- 穢(예) : 더럽다. 더럽히다. 더러운 곳
- 兩邊(양변) : 양쪽의 변. 두 편 쪽
- 達(달) : 통하다. 뚫리다. 연결되다. 이르다
- 罪性(죄성) : 죄의 성품
- 不可得(불가득) : 얻을 수 없다
- 三界(삼계) : 중생이 사는 온 세상
- 森羅(삼라) : 숲의 나무처럼 별려 있는 현상
- 森羅萬象(삼라만상) : 우주 사이에 벌려 있는 온갖 사물과 현상
- 印(인) : 도장
- 應(응) : 마땅히
- 不取善(불취선) : 선을 취하지 말라
- 淨(정) : 깨끗하다
- 淨穢(정예) : 깨끗함과 더러움
- 依(의) : 의지하다
- 罪(죄) : 죄. 양심이나 도의에 벗어난 행위
- 空(공) : 실체가 없다. 텅 비다
- 無自性(무자성) : 자기의 고유한 자성이 없다
- 唯心(유심) : 오직 마음뿐

해설

마조대사의 선사상은 본래 중생이 부처의 모든 덕성을 구족해 있으므로 따로 닦을 것도 없고, 더 이상 무엇을 구할 필요도 없다. 구하는 것이 있으면 좋음과 나쁨, 선과 악, 깨끗함과 더러움에 치우치고 집착하게 된다는 것이다.

번뇌라는 것도 고정적인 본질을 가지고 있지 않기 때문이다. 이런 까닭에 일체의 세계는 오로지 마음이 만들 뿐이며, 모든 현상은 결국 일법(一法)이라는 도장으로 모양 지어 찍어낸 도장 자국인 셈이다.

17 如何是修道
어떻게 도를 닦습니까

僧問하기를 如何是修道입니까 曰하기를
道不屬修이니 若言修得이라도 修成還壞이다
若言不修하면 卽同凡夫이다

마조어록

어떤 스님이 물었다.
"도를 닦는다는 말이 어떤 것입니까?"
마조대사가 말했다.
"도는 닦아서 되는 것이 아니다. 설령 닦아서 되는 것이라 할지라도 닦아 이루어 놓은 것은 곧 다시 부서지는 법이다. 그러나 만약 닦지 않는다면, 이는 곧 범부와 같다.

새로운 한자

- 僧(승) : 승려. 중
- 如何(여하) : 무엇이
- 屬(속) : ① 무리. 동아리. 한패 ② 붙다. 붙이다. 모이다. ③ 나누다. 분류하다. 속하다.
- 修得(수득) : 닦아서 얻는다
- 修成(수성) : 닦아서 이루다. 닦아서 성불하다

- 聞(문) : 성문(聲聞). 석가모니의 음성을 들은 불제자를 말함. 사성제의 이치를 관찰하고, 스스로 아라한이 되기를 이상(理想)으로 수행하는 소승
- 凡夫(범부) : 보통사람. 중생. 범부중생
- 同(동) : 같다. 동일하다

해설

도(불성)는 닦는다고 생겨난 것이 아니다. 이미 구족해 있다. 그것은 닦음, 즉 수행하고는 별개의 차원이다. 하늘의 태양이 비가 온다고 오지 않는다고 빛나지 않는 것이 아니다. 도가 닦아서 생겨난 것이라면 유위법(有爲法)이다. 유위법은 시간이 지나고 인연이 다하면 또 다시 무너지는 법이다. 마치 소승불교의 성문과 같다. 그렇다고 우리가 수행(修行)을 하지 않는다면 어리석은 중생일 뿐이다. 이치(원리)는 닦을 필요가 없이 불성이 빛나고는 있지만, 중생의 현실에서는 무명번뇌의 먹구름이 끼어서 안 보이니 닦아서 먹구름을 걷어내고 봐야 한다.

불교용어

- **道不屬修**(도불속수) : 도는 닦는 수행에 속해 있지 않다. 도와 수행은 차원이 다르다. 도는 닦아서 이루어지는 것이 아니다.
- **聲聞四果**(성문사과) : 석존의 음성(말씀)을 들은 불제자(佛弟子)를 말한다. 대승불교에서는 3승 가운데 성문과 연각(緣覺)을 폄하하여 소승이라

하고, 보살은 대승이라 한다. 부처님의 교법에 의하면 사성제(四聖諦)의 이치를 관하고 스스로 아라한(阿羅漢)이 되기를 목표로 하는 불도 수행자를 말한다. 성문들이 깨닫는 4단계는 다음과 같다.

① 수다원(須陀洹;Srotāpanna) : 예류과(豫流果)라고도 한다. 불도에 처음 참례하여 들어간 지위.

② 사다함(斯陀含;Sakrdāgamin) : 일래과(一來果), 욕계 9지(地)의 사혹(思惑) 9품 중에서 앞으로 6품을 끊고 아직 3품이 남았으므로 인간과 천상에 한 번 왕래하면서 생(生)을 받아야 하는 지위.

③ 아나함(阿那含;Anāgāmin) : 불환(不還)·불래(不來), 사다함과에서 남은 3혹(惑)을 마저 끊고 욕계에 나지 않는 지위. 다시 욕계로 오지 않으므로 불래(不來)라고 한다.

④ 아라한(阿羅漢;arhat) : 응공(應供)·이악(離惡) 등, 3계의 견혹(見惑)·사혹(思惑)을 끊고 공부가 완성되어 존경과 공양을 받을 수 있는 성인의 지위.

18 道不用修

도는 수행을 필요로 하지 않는다

示衆에게 云하기를 道不用修이니 但莫汚染하라
何爲汚染인가 但有生死心하여 造作趨向하면
皆是汚染이다 若欲直會其道한가 平常心
是道이다 何謂平常心인가 無造作하고 無是非
하고 無取捨하고 無斷常함이 無凡無聖이다

마조어록

마조대사가 대중에게 설법을 했다. "도는 닦아 익힐 필요가 없다. 오직 더러움에 물들지만 않으면 된다. 더러움에 물든다는 것은 무슨 말인가? 다만 나고 죽는다는 생각을 염두에 두고 일부러 취향에 따라 별난 것을 벌이는 것을 바로 더러움에 물든다고 하는 것이다. 단번에 도를 이루고 싶은 생각이 있는가. 평소의 이 마음이 바로 도이다. 평소의 마음이란 어떤 마음인가? 그것은 일부러 꾸미지 않고, 이러니 저러니 가치 판단을 하지 않으며, 마음에 드는 것만을 좋아하지도 않고, 단견상견(斷見常見)을 버리며, 평범하다느니 성스럽다느니 하는 생각과 멀리 떨어져 있는 그런 마음이 평상심이다.

새로운 한자

- 示(시) : 보이다
- 修(수) : 닦다. 수행하다
- 莫(막) : ① 없다(부정의 조사). 하지마라
- 染(염) : ① 물들이다. 염색하다. ② 더렵혀지다
- 何爲(하위) : ① 어째서. 왜 ② 무엇을 하느냐(의문사)
- 生死心(생사심) : 태어나고 죽는다는 양 극단으로 치우친 차별된 생각
- 造作(조작) : (부정적인 목적으로) 꾸며 내거나 지어내는 것
- 趣向(취향) : 취미가 쏠리는 방향. 목표를 정하여 그곳을 향하여 감
- 趣(취) · ① 뜻. 취향 ② 목적하는 곳을 향하여 빨리 달려가다
- 欲(욕) : …하고자 한다
- 會(회) : 만나다. 이루다
- 是非(시비) : 옳고 그름. 양극단에 치우친 상대적이고 차별적인 것
- 取捨(취사) : 취하고 버림
- 斷常(단상) : 단절됨과 항상됨. 단견(斷見)과 상견(常見). 인생이 죽으면 끝이라고 생각하는 견해가 단견이고, 영원히 계속된 다른 생각이 상견이다
- 凡(범) : 평범. 범부. 평범하다
- 衆(중) : 무리. 대중(大衆)
- 但(단) : 다만. 단지
- 汚(오) : 더럽다. 더러운 것. 때
- 汚染(오염) : 더러움에 물듦
- 直(직) : 곧바로. 정직하게
- 何謂(하위) : 무엇입니까?
- 聖(성) : 성자. 성현. 성스럽다
- 無凡無聖(무범무성) : 중생도 성자도 없다. 모든 중생이 부처다

해설

마조대사는 조작하는 마음, 분별심, 생사심을 버리는 것이 필요하며, 도는 그러한 것으로 얻어지는 것이 아니라고 말한다. 마조대사는 "도

는 수행을 필요로 하지 않는다"에 대하여 다음과 같이 설하였다.

"마음 및 경계를 요달한다면 망상은 생기지 않는다. 망상이 이미 생기지 않으면 이것이 무생법인(無生法忍)이다. 본래 있었으며, 지금도 있기 때문에 수도와 좌선에 의지하지 않는다. 닦지 않은(不修), 좌선하지 않음(不坐)이 바로 여래청정선이다."

불교용어

- **道不用修**(도불용수) : 도는 수행을 필요치 않는다. 금덩이를 닦는다고 금덩이가 되지 않는다. 본래 금덩이이므로 금덩이인줄 알면 된다. 도도 마찬가지이다. 본래 청정한 불성을 갖추었음으로 닦는다고 없는 불성이나 도가 생겨나는 것이 아니다. 더럽히지만 않으면 된다. 이것이 유명한 마조대사의 '도불용수론'이다. 불성(자성)을 100% 믿는 이론이다.
- **平常心**(평상심) : 항상 쓰고 있는 마음을 말한다. 차별과 사량계교가 없고, 분별과 번뇌 망상이 없는 마음으로, 곧 깨달은 자의 마음을 뜻한다.
- **平常心是道**(평상심시도) : 항상 평상심(平常心)을 유지하는 것이 곧 도라는 뜻. 중국 당나라 때의 조주선사가 그의 스승인 남전 보원선사에게 "무엇이 도(道)입니까?"하고 묻자, "평상심이 곧 도이니라"라고 대답했다. 또한 마조는 "도를 알고자 한다면 평상심이 바로 도이다"라고 하였다. 이어 그는 "평상심이란 무조작(無造作)·무시비(無是

非)·무취사(無取捨)·무단상(無斷常)·무범성(無凡聖)이다"라고 하였다. 곧 평상심이란 인위적인 조작이나 시비가 없는 마음, 취사선택이 없는 마음, 단(斷)·상(常)이 없는 마음, 차별심과 분별심 등 번뇌 망상이 없는 마음을 뜻한다.

19 金多亂人心
재물은 사람의 마음을 어지럽힌다

世人重珍寶이나 我貴刹那靜이다
세 인 중 진 보   아 귀 찰 나 정

金多亂人心이나 靜見眞如性이다
금 다 란 인 심   정 현 진 여 성

방거사어록

세상 사람들은 재물을 중요하게 생각하지만
나는 찰나의 고요함을 귀하게 여기네.
재물은 사람의 마음을 어지럽히나
고요함은 진여의 성품을 나타내네.

새로운 한자

- 珍(진) : 보배. 진귀하다
- 貴(귀) : 귀하다
- 亂(란) : 어지럽다. 질서 없이 뒤얽히다
- 珍寶(진보) : 진귀한 보배
- 刹那(찰나) : 지극히 짧은 시간
- 眞如性(진여성) : 진여(眞如)와 법성(法性)을 병칭한 것. 진여를 중생심의 본체라고 한다. 진여·여래장·불성·법신·보리가 모두 같은 뜻이다

해설

방거사(龐居士)의 이름은 방온(龐蘊, ?~808)이다. 당나라 숙종·대종 때 인도의 유마거사에 비견되는 중국의 대표적인 거사이다. 마조대사의 제자로 '예쁜 눈 송이송이 다른 곳에 떨어지지 않네(如雪片片不落別處)'라는 공안(公案)이 있다. 자신의 전 재산을 동정호에 가져다 버린 일화는 유명하다. '재물은 사람의 마음을 어지럽히는 도적이다'는 그때의 심경을 읊은 시이다.

인물소개

- **방거사**(龐居士 : ?~808) : 방온은 당나라 때 거사로 마조 도일의 제자인데 방거사라고 불렸다. 전 재산을 배에 실어 강물에 던져 버리는 기행이 전해오고, 대대로 유학을 업으로 했지만, 세상의 번거로운 일을 싫어하여 호북성 양양으로 이사한 후 대바구니를 팔아 생계를 유지했다고 한다.

  양주(襄州) 자사 우적(于頔)을 만나 입적한 때도 그의 무릎을 베고 입적하였고, 우적이 편찬한 《방거사어록》 3권이 있다.

경전소개

• **방거사어록**(龐居士語錄)

《유마경》에는 부처님 당시 바이샬리에 있으면서 부처님의 여러 제자들을 압도하고 마침내 문수보살과 당당하게 대론한 유마거사의 풍모가 설시되어 있는데, 방거사의 삶이 이 유마거사와 비견되기 때문이다. 방거사가 재세하던 8세기 중반에서 9세기 초까지는 마조대사와 석두대사가 선풍을 크게 드날리고 있던 때다. 《방거사어록》은 당시 양주의 자사였던 우적이 편집한 것이다. 지금 현재 볼 수 있는 가장 오래된 간본은 숭정간본(崇禎刊本)인데, 이것은 명나라 말기인 숭정 10년(1637)에 천주라산(泉州羅山)의 서은원에서 출판된 것이다.

20 運水與搬柴

물 긷고 나무 나르는 일이 바로 그것이네

士乃呈偈曰
사 내 정 게 왈

日用事無別이니 唯吾自偶諧로다
일용사무별　　　유오자우해

頭頭非取捨이니 處處勿張乖이네
두두비취사　　　처처물장괴

朱紫誰爲號인가 丘山絶點埃로다
주자수위호　　　구산절점애

神通竝妙用이여 運水及搬柴이네
신통병묘용　　　운수급반시

방거사어록

이에 방거사는 다음과 같은 게송을 지어 (석두스님께) 바쳤다.

일상의 일은 평상시 일과 다를 것이 없어,

오직 스스로 슬금슬금 잘도 옮겨가는구나.

가질 것도 버릴 것도 없어

어느 곳에서 무슨 일을 하든 어긋남이 없네.

왕사의 칭호를 누가 붙였는가?

이 산중은 티끌 하나 없는 곳이네.

신통이니 묘용이니 무엇을 말하는가?
물 긷고 나무 나르는 일이 바로 그것이네.

새로운 한자

- 呈(정) : 드리다. 윗사람에게 바치다
- 偈(게) : 게송
- 日用事(일용사) : 날마다 하는 일
- 無別(무별) : 차별이 없다. 다를 것이 없다
- 偶(우) : ① 인형. 허수아비 ② 짝. 부부. 짝수
- 諧(해) : ① 화하다. 화합하다. 고르게 하다 ② 농담
- 頭頭(두두) : 頭頭物物의 줄임말. 물건 하나하나를 뜻함
- 處處(처처) : 곳곳마다
- 勿(물) : ① 없다(=無) ② 가라앉다. 잠기다 ③ 끝나다. 마치다
- 張(장) : ① 어그러지다. 어긋나다 ② 베풀다 ③ 넓히다
- 乖(괴) : 어그러지다. 어기다
- 張乖(장괴) : 어그러지다
- 朱(주) : 붉다. 붉은 빛
- 紫(자) : ① 자줏빛 ② 신선이나 제왕의 집의 빛깔
- 朱紫(주자) : 고위 관직의 복색(服色). 붉은빛과 자줏빛. 고위 고관을 뜻함. 여기서는 왕사나 국사를 상징
- 號(호) : 본명이나 자(字) 대신 부르는 이름
- 丘(구) : 언덕. 구릉
- 丘山(구산) : 구릉과 산. 산중
- 絶(절) : 끊다. 실을 자르다. 그만두다
- 點(점) : ① 점. 작은 흔적 ② 더럽히다. 욕되게 하다
- 絶點(절점) : 오점을 없애다
- 埃(애) : 치다. 등을 때리다. 밀치다
- 神通(신통) : 모든 것을 신기롭게 통달하는 것
- 并(병) : 함께. 과
- 妙用(묘용) : 절묘한 진리의 작용
- 運(운) : 운반하다. 나르다
- 搬(반) : 운반하다. 나르다. 옮기다
- 柴(시) : 섶. 산야에 절로 나는 왜소한 잡목. 울타리
- 搬柴(반시) : 나무를 나르는 일

해설

방거사는 마조대사의 제자이다. 마조선(馬祖禪)은 평상심시도(平常心是道)이고 마음이 곧 부처이다.

방거사는 마조선을 철저히 신봉하고 실천한 선지식이다. 자신의 전 재산을 동정호에다 갖다 버렸다. 물욕이 끊어지고 공(空)의 이치를 체달한 경계이다.

깨달음이란 무엇이며, 깨달은 사람의 신통력은 무엇인가? 여기에 대한 방거사의 대답은 명료하다.

"신통묘용이 무엇인가? 그것은 물 긷고 나무 나르는 평상시의 일이 바로 그것이네."

21

서강의 물을 한입에 모두 마시다

一口吸盡 西江水

居士後之江西하여 參馬祖大師하고 問曰하
거 사 후 지 강 서   참 마 조 대 사   문 왈

기를 不與萬法爲侶者는 是什麼人인가
    불 여 만 법 위 려 자   시 십 마 인

祖曰하기를 得汝一口吸盡西江水하면 卽向
조 왈   득 여 일 구 흡 진 서 강 수   즉 향

汝道한다 士於言下에 頓領玄旨하다
여 도   사 어 언 하   돈 령 현 지

방거사어록

그 뒤 방거사는 강서로 가서 마조대사를 참견하고 물었다.

"일체의 존재와 상관하지 않은 자, 그것은 어떤 사람입니까?"

"자네가 저 서강의 물을 한입에 모두 마시면, 그때 그것을 자네에게 말해 주겠네."

이에 거사는 마조대사의 말이 끝나자마자 불법의 현묘한 이치를 단번에 깨달았다.

새로운 한자

- 西江水(서강수) : 서강의 물
- 參(참) : ① 참가하다. 찾아뵙다 ② 참구하다 ③ 셋. 석(※'삼'이라 읽음)
- 侶(려) : ① 짝. 벗 ② 벗하다. 함께 놀다
- 吸(흡) : ① 마시다. 빨다 ② 숨을 들이쉬다
- 玄(현) : ① 불가사의하다. 신묘하다 ② 검다
- 玄旨(현지) : 깊은 뜻. 현묘한 뜻
- 是什麽(시십마) : 이것이 무엇입니까?
- 吸盡(흡진) : 다 마시다
- 旨(지) : 뜻
- 卽(즉) : 곧. 바로
- 領(령) : ① 깨닫다 ② 옷깃. 의금(衣襟) ③ 가장 중요한 곳. 요소 ④ 거느리다. 통솔하다 ⑤ 우두머리. 수령

해설

방거사와 마조대사의 이 대화 내용은 서강의 물을 한입에 다 마시면 그때 대답해 주겠다는 '一口吸盡 西江水(일구흡진 서강수)'의 화두이다. "일체의 존재와 상관하지 않은 자는 어떤 사람입니까?" 그런 사람은 있을 수 없다. 세상의 인간을 포함한 모든 존재가 상호 관계를 맺고 상호 의지하면서 서로 영향을 주면서 존재하고 있다. 이것이 부처님께서 깨달으신 '연기법칙(緣起法則)'이다. 이 인연법의 적용을 받지 않는 사람은 상상할 수가 없다. '왜?' 마조대사는 그렇게 말했을까? '시십마(是什麽), 이 뭐꼬'해 볼 일이다.

22

힘줄도 없고 뼈도 없는 물이 만 섬이나 되는 배를 능히 뜨게 한다

如水無筋骨 能勝萬斛舟

士一日에 又問祖曰하기를 如水無筋骨인데
사 일 일   우 문 조 왈   여 수 무 근 골

能勝萬斛舟하니 此理如何인가 祖曰하기를
능 승 만 곡 주   차 리 여 하   조 왈

這裏無水亦無舟인데 說什麼筋骨인가
저 리 무 수 역 무 주   설 십 마 근 골

방거사어록

어느 날 방거사는 또 마조대사에게 물었다.

"힘줄도 없고 뼈도 없는 물이 만 섬이나 되는 뼈를 능히 뜰 수 있게 하는데, 이것은 무슨 이치입니까?"

마조대사가 말했다.

"여기에는 물도 없고, 배도 없다. 그런데 힘줄이니 뼈니 하는 말은 도대체 무슨 소리를 하고 있느냐?"

새로운 한자

- 一日(일일) : 어느 날
- 筋(근) : 힘줄. 힘. 체력
- 骨(골) : 뼈. 골수. 중심이 되는 것
- 筋骨(근골) : 힘줄과 뼈. 근육과 골격. 체력. 필법(筆法)을 이름
- 勝(승) : 이기다. 뛰어나다
- 斛(곡) : 10말의 용량(容量)

- 舟(주) : 배
- 理如何(이여하) : 무슨 이치인가?
- 裏(리) : 속. 내부. 가운데. 속마음. 안. 옷의 안
- 這裏(저리) : 이 안. 여기. 가장 가까운 장소를 가리키는 속어
- 什麼(심마) : ① (의문사)무슨. 어느 ② (감탄사)무슨 …이냐
- 萬斛舟(만곡주) : 만 섬을 실을 수 있는 큰 배
- 這(저) : 이것. 이(※'자', '차(遮)'라고도 씀)

해설

물은 힘줄도 없고 뼈도 없는데, 만 섬을 실을 수 있는 큰 배를 뜨게 한다. 《노자》에 '상선야수(上善若水)'라는 말이 있다. 물은 약한 것 같지만 강하다. 부드러운 것이 강한 것을 이기는 법이다. 이 노자철학을 가지고 방거사가 마조대사를 몰아붙인다. 마조대사는 '여기에는 물도 없고 배도 없는데, 그런 영양가 없는 소리는 왜 하느냐?'고 말문을 막아버렸다. 불법(佛法)은 형이상학적인 문제를 가지고 담론하는 종교가 아니다. '지금 이 자리에서 무엇을 할 것인가' 그것을 생각하고 실천하는 것이 선의 깨달음이다. 물은 마음을 상징하고 있다.

23. 云何爲頓悟

무엇을 돈오라고 합니까

云何爲頓悟입니까
운하위돈오

答하다 頓者는 頓除妄念이고
답   돈자   돈제망념

悟者는 悟無所得이다
오자   오무소득

돈오입도요문론

"어떤 것을 돈오라고 합니까?"

대주선사가 대답하였다.

"돈이란 단박에 망념을 없앰이오,

오란 얻을 것이 없음(無所得)을 깨치는 것이다.

새로운 한자

- 云何(운하) : 뭐라고. 무엇. 어떻게
- 頓悟(돈오) : 문득 깨달음. 수행의 단계를 거치지 않고 갑자기 교리를 깨닫는 일
- 答(답) : 대답하다
- 除(제) : ① 제거하다. 덜다 ② 쓸어서 깨끗이 하다
- 頓除(돈제) : 단번에 없애다
- 妄念(망념) : 망상(妄想)

- **頓悟**(돈오) : 돈료(頓了)라고도 한다. 점오(漸悟)와 상대됨. 번거로운 의식과 장기간의 수행을 필요로 하지 않고 갑자기 하루아침에 진리를 깨달게 되는 것. 즉 활연히 깨닫게 되는 것을 가리킨다.
《돈오입도요문론(頓悟入道要門論)》에서는, 돈(頓)이란 망념(妄念)을 홀연히 제거함이고, 오(悟)란 무소득(無所得)을 깨닫는 것이라고 하는데, 돈오란 이 생(生)을 떠나지 않고 곧 해탈을 얻는 것으로 보았다.
돈오를 처음 제창한 이는 축도생(竺道生, ?~434)이다. 혜달(慧達)은 《조론소(肇論疏)》에서 도생(道生)이 주장한 《돈오성불론(頓悟成佛論)》을 인용하여, "대저 돈(頓)이란 이(理)를 밝히는 것과 불가분적이며, 오(悟)는 지극히 빛남을 이름이다. 불이(不二)의 오(悟)로써 불분(不分)의 이(理)를 일치시키고, 이지(理智)의 성냄을 푸는 것이다."라고 하였다.
불교의 이(理)는 불가분적인 전체이기 때문에 오(悟) 역시 단계를 나눌 수 없다고 하여, 당시에 논쟁을 일으켰다. 수(隋)·당(唐) 때에 각 종파가 형성 발전되면서 돈(頓)·점(漸)의 논쟁이 더욱 격렬해졌다. 종밀의 《선원제전집도서(禪源諸詮集都序)》 3권에, "먼저 점수(漸修)한 이후에 돈오하게 된다는 말이 있고(漸修頓悟), 돈수(頓修) 이후에 점오(漸悟)한다는 말이 있으며(頓修漸悟), …돈오돈수(頓悟頓修)라는 말도 있다. … 법(法)에는 돈점(頓漸)이 없으니 돈점(頓漸)이란 기(機 : 사람)에 있다는 말도 있다"고 하였다.

24 心爲根本

마음이 근본이다

問하기를 從何而修입니까
문　　　종 하 이 수

答하다 從根本修이다
답　　종 근 본 수

云何從根本修합니까
운 하 종 근 본 수

答하다 心爲根本이다
답　　심 위 근 본

돈오입도요문론

묻기를, 무엇부터 닦아야 합니까?

답하기를, 근본부터 닦아야 한다.

어떻게 하는 것이 근본부터 닦는 것입니까?

답하기를, 마음이 근본이다.

새로운 한자

- 何從(하종) : 무엇을 쫓아서
- 根本(근본) : 사물이 생기는 본바탕. 근간
- 修(수) : 닦다
- 爲(위) : …이다

해설

마음은 모든 사물과 세계를 이해하고 인식하는 주체로써 몸과 마음으로 구성(오온)된 나의 주인이고 윤회의 주체이다. 모든 것을 주재하고 창조하는 심왕(心王)이고 심지(心地)이다.

《법구경》에서는 '마음이 모든 것의 근본이 되고, 모든 것이 마음으로부터 이루어진다(心爲法本 心尊心使)'고 하였다. 《화엄경》에서는 '마음이 모든 것을 만든다(一切有心造)'라고 하였다.

삼교(三敎)의 성인이 모두 마음에서 생겨났다. 마음이 모든 부처의 본원이고, 마음이 부처이다. 혜해선사는 《돈오입도요문론》에서 출가 수행자에게 마음이 모든 것의 근본이 되므로 마음부터 닦아야 함을 설하고 있다.

인물소개

- **대주 혜해(大珠慧海)** : 혜해선사는 생몰 연대를 알 수 없고, 건주(建州) 사람으로 월주(越州)의 대운사에서 도지(道智)스님에게 출가하였다. 혜해선사는 성(姓)이 주(朱)씨라서 대주(大珠)스님이라고 부르게 되었다. 마조대사가 혜해선사가 저술한 《돈오입도요문론》을 보고 "월주에 큰 구슬(大珠)이 있으니 둥글고 밝은 광명이 비치어 자유자재로워 걸림이 없구나"하였다.

혜해선사는 강서의 마조대사를 찾아가 깨달음을 얻었다.

대주 혜해선사가 강서에 있는 마조대사를 찾아가 뵈오니, 마조대사가 물었다.

"어디서 오는가?"

"월주 대운사에서 왔습니다."

"여기 와서 무엇을 구하려고 하는가?"

"불법(佛法)을 구하러 왔습니다."

"자기 집의 보배창고를 돌아보지 않고 집을 떠나 사방으로 돌아다니면서 무엇을 구하려 하는가? 나에게는 한 물건도 없는데 어떤 불법을 구하려 하는가?"

그러자 대주 혜해스님이 절을 하고 물었습니다.

"어떤 것이 혜해 자신의 보배창고 입니까?"

"지금 나에게 묻고 있는 것이 너의 보배창고이다. 일체가 구족하여 조금도 모자람이 없고 사용(使用)이 자재한데 어찌하여 밖에서 구하려 하는가?"

이 말 끝에 혜해스님은 크게 깨달아서 자기의 본래 마음을 알았다.

경전소개

- **돈오입도요문론**(頓悟入道要門論)

대주 혜해선사가 마조대사의 문하에서 6년간 수행하여 크게 깨달았다. 자신의 수행 체험을 기초로 해서 돈오입도의 요지를 간결하게 서술한 선어록이다. 《돈오요문》 또는 《대주선사어록》이라고

도 부른다.

《돈오입도요문론》은 다른 어록처럼 당시 사람들이나 후세 사람들이 그 스님이 입적한 뒤에 그 법문을 기록하거나 수집한 것이 아니라, 혜해선사가 직접 서술하였다. 따라서 가필이나 착오가 없다고 보며 다른 어떠한 어록보다도 완전한 것이라고 한다.

마조대사가 인가한 논(論)인 만큼 선과 깨달음의 세계에 대한 내용이 정확하다고 할 수 있어서 선종 초기의 근본 사상을 연구하는 데 귀중한 자료이다.

25. 無心者 無一切心也

무심자는 일체의 마음이 없다

供養十方諸佛보다
공 양 십 방 제 불

不如供養一箇無心道人이다
불 여 공 양 일 개 무 심 도 인

何故인가 無心者는 無一切心也이다
하 고   무 심 자   무 일 체 심 야

전심법요

온 세상의 모든 부처님께 올리는 공양이

한 사람의 무심한 도인에게 올리는 공양만 못하다.

왜 그런가 하면 무심자는 일체의 마음이 없기 때문이다.

새로운 한자

- 十方(시방) : 온 세상
- 不如(불여) : …함과 같지 않다
- 何故(하고) : 왜 그런가?
- 諸佛(제불) : 모든 부처님
- 一箇(일개) : 한 개. 한 사람
- 一切心(일체심) : 일체의 마음

해설

무심자(無心者)는 번뇌 망상이 없는 사람이다. 집착하고 분별하는 마음이 끊어진 깨달음을 얻은 사람이다. 깨달음을 얻은 사람을 귀하게 여기고 보호해야 한다는 가르침이다. 깨달은 사람이 부처이므로 부처님처럼 공경해야 함을 강조한 것이다.

불교용어

- **供養**(공양) : ① 공경하는 마음과 정성스러운 마음을 다하여 불·법·승 삼보나 스승·조상·웃어른들께 음식·재물·향·꽃·등불 등을 바치는 일. ② 각종의 의식을 거행한 후에 참석자들이 음식을 먹는 일.
- **無心**(무심) : 無妄心(무망심). 무번뇌심. 곧 번뇌 망심이 없는 마음. 분별심이 없는 마음. 의식함이 없는 마음. 공(空)한 마음.
- **無心者**(무심자) : '마음이 없는 자'란 마음을 씀에 있어서 집착하는 마음이 없는 사람을 뜻한다.

인물소개

- **황벽 희운**(黃檗 希運, ?~850) : 황벽 희운스님은 당나라 때 고승으로 백장산의 백장대사의 수제자로 복건성 복주부(福州府)에 있는 황벽

산에서 선풍을 일으켰다. 제자로는 중국 선종의 주류를 이룬 임제종의 시조인 임제 의현선사가 있으며, 당시의 재상이었던 배휴(裵休)가 있다. 저서로는 《전심법요(傳心法要)》·《완릉록(宛陵錄)》이 있다. 시호는 단제(斷際)선사이다.

경전소개

• **전심법요**(傳心法要)

임제종의 기초를 세운 황벽 희운의 설법을 편집한 어록이다. 원제는 《황벽산단제선사전심법요(黃檗山斷際禪師傳心法要)》이고, 《전심법요》에 《완릉록(宛陵錄)》을 합본한 것을 말하기도 한다. 《단제선사전심법요》 또는 《황벽선사전심법요》라고도 부른다. 배휴는 재가신자로 842년 종릉(鐘陵) 관찰사로 부임한 뒤 희운선사를 홍주(洪州) 용흥사로 모셔와 도를 물었고, 848년에도 완릉(宛陵) 관찰사로 일하며 희운선사를 개원사에 머물게 하고는 도를 물었다. 이 때 받은 가르침을 적어두었다가 책으로 낸 것이 《전심법요》이다.

일기자료

황벽대사는 칠척장신으로 이마 한가운데가 불룩 튀어나와 마치 큰 구슬을 얼굴에 박아놓고 다니는 것과 같았다. 눈빛은 광채가 나서 상대방을 압도하는 위력을 지니고 있었다.

황벽스님이 백장산에 백장대사를 찾아가서 절을 하였다. 백장대사는 절이 채 끝나기도 전에 넌지시 물었다.

"풍채가 좋구만. 그래 어디서 어떻게 왔는고?"

"복건성에서 걸어서 왔습니다."

"무엇 때문에 왔는고?"

"다른 일로 왔겠습니까?"

스님은 여기까지 찾아온 이유가 뻔한 일 아니겠느냐는 뜻으로 담담하게 대답했다.

백장대사는 자신의 문하에서 제자가 되어 장차 부처가 되겠다는 마음으로 천 리를 달려온 젊은 스님이 한없이 대견했다.

당나라 선종(宣宗)황제가 어린 왕자 시절에 황벽대사의 문하에서 머리를 깎고 동자승으로 있을 적에 어느 날 궁금한 것이 있어서 황벽스님에게 물었다.

"큰스님께서 부처에도 매달리지 말고, 불법에도 매달리지 말고, 대중(사람)에게도 매달리지 말고 스스로 수행하라고 가르치지 않았습니까?"

"그랬다."

"그런데 어찌하여 큰스님께서는 매일같이 부처에 매달려 예배하십니까? 도대체 무엇을 구하시려고 그러십니까?"

황벽스님이 대답했다.

"부처에도 얽매이지 않고, 불법에도 얽매이지 않고, 대중 스님에게도 얽매이지 않고 그냥 무심(無心)하게 집착하는 마음이 없이 이렇게 예배한다."

동자승은 이해할 수 없다는 표정으로 비아냥거리며 다시 물었다.
"예배란 무언가를 구하기 위해서 하는 것이 아닙니까?"
황벽스님은 갑자기 동자승의 뺨을 후려쳤다. 동자승은 불만 섞인 음성으로 달려들었다.
"나라의 왕자를 이렇게 거칠게 대해도 됩니까?"
그러자 황벽스님은 다시 또 동자승의 뺨을 후려쳤다. 이렇게 세 번을 때리자 동자승은 벌떡 일어나 달아났다.
황벽스님은 왕자라는 자만심에 가득 찬 동자승에게 말이 필요가 없었다. 그래서 뺨을 후려쳐서 그의 아만심을 꺾어줬다. 그래서 어린 왕자는 훗날 황제의 지위에 오를 수 있었고, 황벽스님에 대한 그 때의 고마움의 표시로 자신의 과거·현재·미래 삼제(三際)의 업장을 소멸시켜 주신 큰스님이라 뜻으로 '단제(斷際)선사'란 시호를 내렸다.
어릴 때부터 지기(志氣)가 왕성하여 출가한 후,《백장청규(百丈淸規)》의 저자로 유명한 백장선사(百丈禪師) 회해(懷海)의 지도를 받고 현지(玄旨)에 통달하였다.
훗날 종릉(鍾陵)의 용흥사(龍興寺)와 848년에는 배 상국(相國)의 청으로 완릉(宛陵)의 개원사(開元寺)에도 머물면서 찾아드는 학인들을 제접(提接)하였으나 황벽산에서 최후를 마쳤다. 그래서 황벽 희운이라고도 부른다. 문하에 중국 임제종(臨濟宗)의 개조(開祖)인 임제 의현이 있고, 그 법어는 배휴(裵休)가 집대성하여《황벽산단제선사 전심법요(傳心法要)》(1권)를 남겼다. 그는 자심즉불(自心卽佛)·일심(一心)을 가지는 것 외에 다른 법이 없다고 설하고, 선풍을 크게 날렸다.

황벽종이란 이름은 황벽산 이름에서 딴 것으로 육조 혜능의 법을 전하여 이 산(山)을 개창했는데, 황벽 희운선사가 여기에 주석하여 크게 법도(法道)를 떨쳐 드디어 이름이 드러나게 되겠다. 희운선사가 입적한 뒤에는 임제 의현의 법손(法孫)이 크게 성하였다. 그 뒤 황벽의 도량은 임제의 종풍과 더불어 똑같이 성쇠를 같이하여, 송나라에서는 융성하다가 원나라에서는 황폐하였다.

4
화두공안

1

나무는 앙상한 모습을 드러내고 천지에 가을바람만 가득하지

體露金風

僧問雲門하기를 樹凋葉落時如何입니까
승 문 운 문　　　　수 조 엽 락 시 여 하

雲門云하기를 體露金風이다
운 문 운　　　　체 로 금 풍

벽암록

어떤 스님이 운문선사를 찾아와 물었다.

"나뭇잎이 시들어 떨어지면 어떻게 됩니까?"

운문선사가 대답했다.

"나무는 앙상한 모습을 드러내고 천지에 가을바람만 가득하지."

새로운 한자

- 僧(승) : 승려(僧侶)
- 問(문) : 묻다
- 雲門(운문) : 운문 문언(雲門文偃)선사. 당말(唐末) 5대(五代)의 운문종의 조사. 운문산(雲門山)은 소주성 광주에 있는 절인데, 30여 년을 주석하였다
- 樹(수) : 나무. 나무를 심다
- 凋(조) : 시들다. 초목이 마르다
- 樹凋(수조) : 나무가 시들다
- 凋落(조락) : 시들어 떨어짐. 쇠퇴함
- 凋葉(조엽) : 나뭇잎이 시들다
- 云(운) : 이르다. 말하다
- 體(체) : 몸. 신체(身體). 모양. 형상(形象)
- 露(로) : ① 드러나다. 드러내다 ② 이슬
- 體露(체로) : 완전히 드러나다. 완전히 드러난 것
- 金風(금풍) : 가을바람. 가을은 오행설(五行說:木·火·土·金·水)에서 보면 금(金)에 해당한다. 가을바람에 낙엽이 져 나무가 앙상하게 된 것처럼, 엄격한 수행으로 번뇌·망상이 완전히 걷혔음을 말한 것

해설

가을이 되어 나뭇잎이 단풍이 들고 낙엽이 되어 앙상한 나뭇가지만 드려내고 있는 동양화 한 폭의 그림이 떠오르는 전경을 묘사한 화두이다.

봄에 나무에 새싹이 나고 여름이면 무성하게 녹음이 된다. 또 가을이면 노랗게 빨갛게 단풍이 들었다가 늦가을이 되면 나뭇잎은 가을바람 따라 초라하게 땅 위에서 뒹굴다가 사라져간다. 앙상한 나뭇가지만 드러낸 채 초겨울 매서운 추위를 맞이할 나무는 한바탕 잘 살고 이제 떠날 준비를 하는 우리 인생의 황혼기의 모습이다.

또한 구도 수행자가 봄·여름·가을을 겪으면서 꿈·희망·절망·성취를 겪어 오면서 이제 번뇌 망상을 다 털어내고 전혀 가식이 없이 옷을 홀랑 벗어버리고 자신의 참모습 그대로를 드러낸 모습이다.

이 운문선사의 화두는 번뇌 망상을 다 털어내고 깨달음마저도 떨쳐버린 군더더기 없는 구도자의 모습을 드러낸 것이다.

'나뭇잎이 시들어 떨어져 버린 늦가을 경치'는 번뇌 망상의 군더더기의 잎이 다 떨어져 나가고 뼈만 남은 앙상한 나무가 늦가을의 언덕 위에 홀로 서 있는 모습이다.

'체로금풍(體露金風)'은 나뭇잎이 다 떨어지고 나뭇가지만 앙상한 채로 전혀 꾸밈이 없이 자신의 모습을 드러내 놓으며 천금같은 가을바람을 맞고 서 있는 전경이다.

체로(體露)는 나무가 잎을 다 떨구고 뼈만 즉, 나뭇가지만 드러낸 모습이다. 전혀 가식이 없는 모습으로 수행자의 꾸밈이 없는 참모습을 상징한다. 금풍(金風)은 글자 그대로 금같은 고마운 바람인 가을바람이다. 진리의 세계, 깨달음의 세계, 우주 자연의 본질을 상징한 말이다.

'체로금풍'은 깨달음의 경지를 온 세상에 그대로 현현(現現)해 내는 조사의 경지이고, 부처의 모습이다.

이 화두는 한마디로 이런 내용이다.

"번뇌 망상을 다 털어 낸 사람의 모습은 어떤 모습입니까?"

"전혀 가식이 없이 자신의 참모습을 온 세상에 드러낸 부처의 모습이지."

2

마음을 가져 오너라. 그러면 너의 마음을 편안케 해 주마

將心來 與汝安

達磨가 面壁인데 二祖가 立雪斷臂하고 云하기를 弟子心未安이다 磨가 云하기를 將心來하면 與汝安하겠다 祖가 云하기를 覓心了不可得입니다 磨가 云하기를 爲汝安心竟이다

無門이 曰하기를 缺齒老胡가 十萬里를 航海特特而來함은 可謂是無風起浪이다

벽암록

달마대사가 면벽 9년을 하고 있으니, 2조 혜가스님이 눈 속에 서서 (칼로 팔을 끊어) 달마대사 앞에 놓고 말했다.

"제자는 아직도 마음이 편안치 않습니다. 저의 마음을 편안케 해주십시오."

달마대사가 말했다.

"마음을 가져 오너라. 그러면 너의 마음을 편안케 해 주마."

이조 혜가스님이 대답했다.

"마음을 찾아도 얻을 수가 없습니다."

달마대사가 말했다.

"너의 마음은 편안해졌느니라."

무문스님이 평한다.

이빨이 빠진 늙은 오랑캐 스님(달마대사)이 10만리를 항해하여 특별히 중국에 온 것은 과연 바람이 없는데 공연히 물결을 일으킨 것이다.

새로운 한자

- 面壁(면벽) : 벽을 향해 좌선하는 것. 달마대사가 숭산 소림사에서 벽을 향해 9년간 좌선한 것을 '면벽구년(面壁九年)'이라 한다
- 二祖(이조) : 선종의 2조는 혜가(慧可)임. 선종의 2조 혜가가 달마대사를 겨울날 찾아가 눈 위에 서서 제자되기를 간청한 고사를 말한다. 이때 혜가가 팔뚝을 끊어 간절한 마음을 보인 고사를 '구법단비(求法斷臂)'라고 한다
- 立雪(입설) : 눈 위에 서다   • 臂(비): 팔뚝
- 弟子(제자) : 지식이나 덕을 갖춘 사람으로부터 가르침을 받는 사람
- 未安(미안) : 편안하지 않다
- 未(미) : ① 아니다(=不·弗·非) ② 아직…하지 못하다
- 心來(심래) : 마음을 가져오라   • 安(안) : 편안하다
- 覓心(멱심) : 마음을 찾다   • 不可得(불가득) : 얻을 수 없다
- 安心(안심) : 편안한 마음. 마음이 편안해지다
- 竟(경) : ① 끝나다 ② 다하다 ③ 마침내. 도리어. 그러나
- 無門(무문) : 무문 혜개(無門慧開)선사
- 缺(결) : 이지러지다. 그릇이 깨뜨려지다. 모자라다
- 齒(치) : ① 이. 음식을 씹는 기관 ② 나이. 연령
- 缺齒(결치) : 이빨이 빠짐. 노인의 뜻   • 老胡(노호) : 늙은 오랑캐

- 航海(항해) : 배로 바다 위를 가는 것
- 可謂(가위) : 가히 이르자면. 참으로
- 浪(랑) : 물결. 파도. 파도가 일다
- 特(특) : ① 특별히 ② 뛰어나다 ③ 수컷
- 無風(무풍): 바람이 없다
- 起浪(기랑) : 물결이 일어나다. 파도가 일어나다

해설

《벽암록》의 이 공안은 달마대사가 천축 인도에서 건너와 2조 혜가를 만나 안심법문(安心法門)을 전해주는 역사적인 사건을 설명하는 내용이다.

선가의 법문을 '안심법문'이라 하는데 이 법문 내용이 전형적인 선법문이다. '마음이 괴롭습니다. 그 마음을 가져오너라. 그 마음을 찾을 수가 없습니다. 그러면 이미 네 마음은 편안해졌다' 그 마음은 실체가 없는 공이기 때문이다.

2조 혜가대사는 찾아온 3조 승찬대사에게 '너의 죄를 가져오라. 가져올 수가 없습니다. 너의 죄는 이미 참죄가 되었느니라. 죄란 자성이 없음으로 본래가 죄는 무자성(無自性)이니라'라고 말했다.

또한 4조와 3조의 이야기도 비슷하다. '저를 해탈시켜주십시오. 누가 너를 속박하느냐? 아닙니다. 저를 속박하고 구속한 사람은 없습니다. 그러면 해탈하라. 스스로 자기 마음을 구속하는 것이지 다른 외부의 대상이 나를 구속시키는 일이 없다' 등등 이것이 선사의 마음법문이고 안심법문이다.

무풍기랑(無風起浪)은 바람도 없는데 괜스런 일을 했다는 뜻이다. 《선가귀감》에 '부처님과 조사께서 세상에 나오신 일은 마치 바람 없는 바다에 물결을 일으킨 것과 같다'는 말이 있다. 본래 중생이 부처이고 모든 것을 구족하고 있는데 부처나 조사가 나와서 이러쿵저러쿵 하는 것 자체가 괜한 일이요 부질없는 일이란 뜻이다. 《치문경훈》에서도 황벽선사가 '달마대사가 서쪽에서 온 것은 바람 없는 바다에 파도를 일으킨 것과 같다'고 하였다.

3 子若在 卽救得猫兒

네가 있었다면 고양이를 살릴 수 있었을 것이다

泉和尙이 東西兩堂에서 爭猫兒하니 泉이
전화상   동서양당   쟁묘아   전

乃提起하고 云하기를 大衆은 道得卽救하고
내제기   운   대중   도득즉구

道不得卽하면 斬卻也하리라 衆이 無對하니
도부득즉   참각야   중   무대

泉이 遂斬之하다 晚趙州外歸하니 泉이 擧
전   수참지   만조주외귀   전   거

似州하니 州가 乃脫履하고 安頭上하고 而出
사주   주   내탈리   안두상   이출

하다 泉이 云하기를 子若在이면 卽救得 猫兒
     전   운   자약재   즉구득 묘아

했으리

무문관

남전선사가 동서 양당이 (대중이 모여 고양이에게 불성이 있느니 없느니 하고) 싸우니 고양이를 잡아 들고서 말하기를 "대중아, 도를 얻은 한마디를 하면 고양이를 살릴 것이요, 이르지 못하면 죽일 것이다." 하였다. 대중이 아무도 대꾸하는 사람이 없자 남전선사는 고양이를 칼로 베었다.

저녁 때 무렵 조주스님이 밖에 외출했다가 돌아왔다. 남전선사는 낮에 있었던 일을 그대로 말하니 조주스님은 곧 짚신을 벗어 머리에 이고 나갔다. 남전선사가 말했다.

"네가 있었다면 그 고양이를 살릴 수 있었을 것이다."

새로운 한자

- 南泉(남전) : ① 중국 안휘성에 위치한 남전산(南泉山) ② 당나라 때 남전 보원(南泉普願)선사
- 和(화) : 화하다. 알맞다. 화평하다
- 和尙(화상) : 승려의 존칭
- 東西兩堂(동서양당) : 선원에서 동쪽과 서쪽에 승려가 공부할 강당을 나란히 지은 건물
- 爭(쟁) : 다투다
- 猫(묘) : 고양이
- 兒(아) : ① 아이. 젖먹이 ② 명사에 붙이는 조사
- 猫兒(묘아) : 새끼고양이. '兒'는 의미없이 붙는 조사
- 乃(내) : 이에. 곧. 바꾸어 말하면
- 提(제) : 들다. 손에 들다
- 提起(제기) : 손으로 높이 들다
- 大衆(대중) : 수많은 여러 사람. 많이 모인 중
- 道(도) : 불도(佛道). 진리
- 救(구) : 구제하다
- 斬(참) : 베다. 날카로운 연장으로 자르거나 베다
- 卻(각) : 却(각)의 본자(本字). ① 물리치다. 쳐서 물어가게 하다. 쫓아 버리다. 치워 없애다 ② 어조사(=了)
- 無對(무대) : 대응이 없다. 대답이 없다
- 遂(수) : ① 드디어. 마침내 ② 이루다. 성취하다
- 斬之(참지) : 베다. 之는 강조의 어조사로 쓰임
- 晩(만) : ① 해가 저물다. 해질 무렵 ② 노년. 늘그막
- 趙州(조주) : 조주 종심선사. 120세까지 살았으며, 중국 선종사에서 공안화두를 가장 많이 만들어낸 대종장
- 外歸(외귀) : 밖에서 돌아오다
- 擧(거) : ① 사실을 들어서 말하다 ② 들다. 손에 들다
- 似(사) : ① 같다. 닮다. 흉내내다 ② 계승하다
- 州(주) : ① 조주(趙州)선사 ② 고을. 행정 구역의 명칭
- 脫(탈) : 벗다
- 履(리) : ① 신. 신다. 밟다 ② 절차를 거쳐 행하다
- 頭上(두상) : 머리 위
- 在(재) : 있다. 존재하다
- 救得(구득) : 구제해서 얻다

해설

남전선사가 고양이를 두 동강내는 자리에 조주스님이 있었다면 칼을 빼앗아 살생을 못하게 막았을 것이다. 이것이 불도요, 선의 가르침이다. 멍청한 제자들은 우물쭈물대다가 결국은 살생을 한 꼴이 되었다. 선의 가르침은 옳다고 믿는 것은 부처나 조사에게도 양보하지 않는 충천 대장부의 기개가 있다. 옳은 일은 즉각 행동으로 실천하라는 남전선사의 가르침을 읽을 수 있는 화두이다.

인물소개

- **남전 보원**(南泉普願, 748~834) : 당나라 때 남전 보원선사는 안휘성 남전산(南泉山)에서 선원을 열고 사립(絲笠)을 쓰고 소를 치며 산에 올라 나무를 하고 밭을 일구며 선풍을 펼쳤다. 스스로 왕노사(王老師)라고 칭하면서 30년 동안 한 번도 하산하지 않았다.
  태수(太守) 육긍대부(陸亘大夫)가 참방하여 스승으로 모셨고, 조주 종심(趙州從諗)과 장사 경잠(長沙景岑) 등 기라성 같은 제자를 배출했다. '남천'이라 읽지 않고 '남전'이라 읽는다.

읽기자료

남전선사 회상(會上)에서 제자들이 동서 양당으로 나뉘어 "고양이에게 불성이 있느냐? 없느냐?"고 논쟁을 벌였다.

이 광경을 본 남전선사는 고양이를 번쩍 집어 들고는 말했다.

"고양이에게 불성이 있느냐? 없느냐? 바르게 말하면 이 고양이를 살려주겠다만 그렇지 못하면 베어 버리겠다"

누구 하나 대답하는 사람이 없자 남전선사는 고양이를 베고 말았다. 출타 중이던 조주스님이 저녁에 돌아오자 남전선사는 낮에 있었던 일에 대하여 들려주고는 물었다.

"어떻게 했겠느냐?"

조주스님은 아무 말이 없이 짚신을 벗어 머리에 이고 나가 버렸다. 남전선사는 "네가 있었다면 고양이를 구할 수 있었으련만" 이라고 탄식하였다.

이 '고양이 목을 벤 화두'는 《선문염송》, 《벽암록》 등에 나오는데 선가에서 인구에 회자된다. 원래 선사들이 제자를 가르치고 단련시키는 수단에는 상식을 초월한 깊은 뜻이 있어서 범부로서는 이해하기 어려운 부분이 있다.

남전선사는 고양이 목을 베어, 제자들의 양쪽으로 치우친 시비(是非)와 유무(有無)의 집착을 끊어서 깨달음으로 인도했다. 살생하여 바라이죄를 범하려는 스승에게, '살려 달라'고 애원하든지 멱살을 쥐고 패대기를 치든지 해야 하는데 두 눈만 껌벅거리는 기백이 없는 제자들을, 스스로 지옥고를 자처해서 살불살조하는 충천 대장부로 만든 것이다.

갓은 머리에 쓰고, 신은 발에 신는 것이 만고의 법도이다. 조주스님이 신을 머리에 이고 나갔으니 이는 스승의 잘못된 살생을 지적한 것이다. 스승과 제자가 심기(心機) 상응한 줄탁지기의 광경이다.

4 卽心卽佛

마음이 곧 부처다

馬祖(마조)에게 因大梅(인대매)이 問(문)하기를 如何是佛(여하시불)입니까 祖(조)가 云(운)하기를 卽心卽佛(즉심즉불)이다 無門(무문)이 曰(왈)하기를 若能直下領略得去(약능직하령략득거)하면 著佛衣(저불의)이고 喫佛飯(끽불반)이고 說佛話(설불화)이고 行佛行(행불행)이니 卽是佛也(즉시불야)이다

무문관

마조대사에게 대매 법상스님이 물었다.

"어떤 것이 부처입니까?"

마조대사가 대답했다.

"마음이 곧 부처이다."

무문스님이 평한다. 만약 능히 이 말을 곧 알아듣는다면 부처의 옷을 입고, 부처의 밥을 먹고, 부처의 말을 하며, 부처의 행을 하니 이 사람이 곧 부처이다.

새로운 한자

- **大梅**(대매) : 대매 법상(大梅法常)선사로 당나라 때 마조대사의 제자이다. 절강성의 대매산(大梅山)에서 30년을 은거하였다
- **能**(능) : 능히 …할 수 있다
- **直下**(직하) : 바로, 곧바로, 내려가는 길
- **領**(령) : ① 깨닫다 ② 요령(要領) ③ 옷깃, 목 ④ 가장 중요한 곳 ⑤ 거느리다
- **略**(략) : ① 계략, 지혜, 길, 도덕 ② 간략하게 하다 ③ 다스리다
- **去**(거) : ① 가다, 떠나다 ② 메인 것을 풀다, 없애다
- **得去**(득거) : 얻다, 알다(去는 뜻이 없는 허사)
- **著**(저) : ① 옷을 입다, 붙이다(※'착'으로 읽음) ② 분명함, 드러나다, 기록하다(※'저'로 읽음)
- **喫**(끽) : 마시다, 먹다, 피우다

해설

'무엇이 부처입니까?'(如何是佛) 선가의 선문답에서 정형적인 질문구이다. 운문선사는 '호떡(餬餅)'이라 했고, 동산선사는 '삼 세 근(麻三斤)'이라 했다. 심지어 운문선사는 '마른 똥막대기(乾屎橛)'이라고도 했다.

부처님은 누구이며, 어떻게 생기셨으며 또 어디에 계실까? 석가모니부처님은 32상 80종호를 갖추신 역사적인 인물이다. 아미타부처님은 극락세계에 계시는데 지금 우리가 살고 있는 이 사바세계에는 어디에서 어떤 모습으로 계실까? 이것이 중국 조사와 선사들의 화두였다.

《화엄경》에 '부처님과 중생 그리고 마음은 아무런 차별이 없다'고 했다. 부처님은 바로 중생의 모습이고, 중생의 마음이다. 땡감이 홍

시가 되는 것이지 어느날 갑자기 가을날 하늘에서 홍시가 떨어지는 것이 아니다.

이 글은 마조대사와 그의 제자 대매 법상선사의 대화를 기록한 것이다. 마조대사는 '부처가 무엇입니까'하고 묻는 질문에 명쾌하게 '마음이 바로 부처다'고 설하고 있다.

부처를 마음 밖에서 찾으면 영원히 찾을 수 없다. 마음 밖에는 부처도 없고 불법도 없다.

5 庭前柏樹子

뜰 앞의 잣나무이다

趙州에게 因僧이 問하기를 如何是祖師西來意입니까 州가 云하기를 庭前柏樹子다 無門이 曰하기를 若向趙州가 答處見을 得親切하면 前無釋迦이고 後無彌勒이다

무문관

조주선사에게 어떤 스님이 물었다.

"조사가 서쪽에서 온 뜻이 무엇입니까?"

조주선사가 대답했다.

"뜰 앞의 잣(측백)나무이다."

무문스님이 평한다.

만약 조주선사가 대답한 견처를 친절히 볼 수 있다면 앞에 석가도 없고, 뒤에 미륵도 없으리라.

새로운 한자

- 西來意(서래의) : 서쪽에서 온 뜻
- 祖師(조사) : 한 종파를 세워서, 그 종지(宗旨)를 열어 주창한 고승. 달마대사를 뜻하기도 함. 개산조사(開山祖師)의 준말. 어떤 학파의 창시자
- 庭(정) : 뜰. 집안에 있는 마당. 집안
- 庭前(정전) : 뜰 앞
- 柏樹子(백수자) : 잣나무. 측백나무
- 無門(무문) : 무문 혜개(無門慧開)선사를 뜻함.《무문관》의 저자. 임제종 승려
- 向(향) : 향하다. 앞으로 향하다
- 答(답) : 대답하다. 응하다
- 見處(견처) : 견해. 공부해서 깨달음을 얻은 정도. 그릇된 견해를 일으키는 곳
- 親切(친절) : 대하는 태도가 매우 정답고 고분고분한 것. 또는 그러한 태도
- 前(전) : 앞
- 後(후) : 뒤

해설

'뜰 앞의 잣나무'는 선가에서 유명한 화두이다. '달마대사가 서쪽에서 오신 진정한 뜻이 무엇일까?' 그것은 불교의 정수인 스스로 깨달음을 얻을 수 있는 선정 참선법을 전하기 위해서 온 것이다. 그런데 공안 화두집에는 전형적인 물음인 '如何是祖師西來意(여하시조사서래의)'에 대한 질문에 많은 응답이 있다.

운문선사는 '달마대사가 서쪽에서 온 뜻이 무엇입니까?'하고 묻는 질문에 대하여 '햇빛 속의 산을 본다(日裏看山)'이라고 대답했다. '앞에 석가도 없고 뒤에 미륵도 없다'는 뜻은 유무(有無) · 시비(是非) · 생사(生死)를 떠난 절대 지존의 경지 즉, 깨달음의 경지를 뜻한다.

불교용어

- **彌勒**(미륵) : 미륵보살은 대승불교의 보살로서 자씨보살(慈氏菩薩)이라고도 한다. 미륵보살은 미래에 미륵불로 성불하여 중생을 제도하리라고 믿는 보살이다. 미륵보살은 석가모니가 열반에 든 지 56억 7천만 년이 지나서 사바세계에 나타나 화림원(華林園) 안의 용화수(龍華樹) 아래에서 성불하여 3회의 설법을 통해 모든 중생을 제도한다고 한다.

읽기자료

'庭前栢樹子(뜰 앞에 잣나무)'는 선가에서 인구에 회자하는 유명한 화두다. 《무문관》37, 《종용록》47, 《선문염송》421에 나타나 있다. 조주백수(趙州栢樹)라고도 부른다.

'조주선사는 달마조사가 인도에서 불교의 핵심인 깨달음의 수행법인 선법을 중국에 가지고 온 뜻을 묻는 제자의 답변에 왜 바로 눈앞에 보이는 뜰 앞의 잣나무라 했을까?' 이것이 이 화두를 참구(參究)하는 내용이다. 오로지 '시심마(是甚麽, 이 뭐고)' 하는 의심을 가지고 생각하는 것이다. 다른 생각이나 분별 지식을 가지고 화두의 의미를 이해하거나 설명하면 사구(死句)가 되고 만다.

참으로 답답할 노릇이다. 생각이 막히고 논리가 끊어진 경계를 생각하라는 뜻이다. 분별과 차별의 양변(兩邊)의 상대적 경계를 떠난 공

(空)의 세계를 체득하라는 뜻이다. 이 세계가 중도(中道)의 세계이고, 일심(一心) 불이(不二)인 자성(自性) 본체의 마음자리이다. 이 세계는 언어문자와 사량분별을 떠난 불립문자의 경계이다. 한마디 말을 붙이면 곧 바로 어긋나고 만다(開口卽錯). 그래서 선의 세계에서는 이론과 말이 많은 문자법사(文字法師)를 인정하지 않는다. 이것이 정통 간화선법의 화두 참구법이다.

그러나 인간의 생각과 모든 문화가 언어문자에 의해서 사유되고 창조된다. 따라서 언어문자에 의해서 기록되지 않는 인간의 문화와 사유의 세계는 소멸되고 만다. 그래서 불립문자를 종지로 삼는 선종의 조사들도 '조사어록'이라 하여 자신이 수행하고 깨달음을 얻은 경계를 기록하여 방대한 선서(禪書)를 남기고 있다. 자비로운 마음과 노파심으로 제자들을 깨달음으로 인도하기 위한 교화의 프로그램을 제시하였다. 이렇게 해서 선문답이 생기고, 1700공안이 만들어졌다.

'정전백수자' 화두가 설해진 절은 조주선사가 80세부터 머물렀던 조주성 동쪽에 위치한 관음원이다. 현재는 하북성 조현의 현 소재지인 조주(趙州)는 전국시대 조나라 수도였던 고도(古都)이다. 관음원은 지금은 절 이름이 조주선사의 '정전백수자' 화두를 나타내는 측백나무가 무성해 있어 백림선사(栢林禪寺)이다. 중국 백림선사 마당 앞에는 '잣나무'가 아니라 '측백나무'가 무성하게 있다고 한다.

우리나라에서는 '栢(백)'의 한자가 '잣나무(소나무과) 백'과 '측백나무(향나무과) 백'의 뜻을 가지고 사용해 왔는데 '정전백수자'를 처음으로 한글로 번역할 때 번역자가 잘 살피지를 못하고 '뜰 앞의 측백나무'로 해야 하는데 '뜰 앞의 잣나무'로 번역하여 현재는 '뜰 앞의 잣나무'가 선어의 관용어가 돼서 고치기가 어렵게 돼 버렸다.

한국의 선사들은 측백나무든 잣나무든 은행나무든 상관이 없다고 말한다. 조주선사가 말한 측백나무는 우리가 보통 소나무나 은행나무와 구분해서 말하는 분별상의 측백나무가 아니다. 주관(보는 사람)과 객관(측백나무)이 나뉜 상대적 상태가 아닌 주객이 하나가 된 초월적 세계 즉, 진리의 세계 진여(眞如)를 가리킨다.

조주선사가 말한 측백나무는 분별적인 개념으로써 물체가 아니라, 눈앞에 현전(現前)하는 진리 당체(當體) 바로 그것이므로 '측백나무'라고 하든 ' 잣나무'라고 하든지 상관없다는 주장이다. 촉목보리(觸目菩提)이고, 화엄성기(華嚴性起)이다. 눈앞에 보이는 현상세계 모두가 청정법신이다.

5 선시게송

1. 선시(禪詩)의 발전과 흐름

선시는 시(詩)와 선(禪)의 만남이다. 선시는 범불교적인 불교시가 아닌 불교의 한 종파인 선종(禪宗)의 사상과 수행, 그리고 정신적 경지를 표현한 운문문학이다.

시가(詩歌)의 역사는 선종사상이 흥기하기 이전의 중국에 이미 장구하게 흘러왔으나, 그때는 시와 선의 연계가 필요치 않았었다. 그러나 선종사상이 중국에서 유행된 이후부터는 많은 문예가들이 시와 참선의 긴밀한 연계를 맺게 되었다.

선종은 당대(唐代) 6조 혜능(慧能) 이후부터 크게 흥성하였으며, 초(初)·중당(中唐) 시기에 많은 시인들이 선종의 영향을 받았고, 시를 창작함에 있어 선의 깨달음의 경지 즉, 묘오(妙悟)의 경지를 수용하는 원선입시(援禪入詩)로 선미(禪味)가 농후한 시를 읊게 되었다.

당(唐) 말기에 《이십사시품(二十四詩品)》에서 24종의 미의 종류 즉, 풍격론(風格論)을 부르짖었던 사공도(司空圖, 837~908)는 운외지치(韻外之致), 미외지지(味外之旨)의 시론을 통해 사람들에게 명확하게 시선일치(詩禪一致) 이론을 인식시켰고, 후세 중국 문예 이론의 발전에 큰 영향을 끼쳤다.

송(宋)나라 엄우(嚴羽, 약 1290~1364)의 《창랑시화(滄浪詩話)》는 선가의 언어와 비유로써 시를 논한 대표적인 선시 이론서가 되는데 그의 '논시여론선'(論詩如論禪 : 시를 논하는 것은 선을 논하는 것과 같다) 또한 중국 언어 미학에 미친 영향이 대단하였으며, 청(淸)나라 왕사정(王士禎, 1634~1711)의 신운설(神韻說)에까지 큰 영향을 끼쳤다.

왕사정이 부르짖은 신운(神韻)은 투철한 깨달음(妙悟)과 입신(入神)의 경지와 흥취(興趣)의 세계가 연결 융합된 경지인데 청대를 휩쓸었던 시론(詩論)이었다.

선이 크게 일어났던 당·송 시대에는 선사상이 중국 사회, 문화, 예술 전반에 끼친 영향은 대단히 컸다.

신라말기에 우리나라에 전래되었던 선사상은 고려시대 초기에 구산선문(九山禪門)이 성립되었고, 무신정권 때 보조(普照)국사 지눌(知訥)에 의하여 조계종(曹溪宗)이 본격적으로 형성되면서 선종 중심의 불교국가가 되었다.

우리나라는 중국의 문물과 문화를 수입하는 영향권에 있었기 때문에 중국의 선종불교나 선시문학 풍조를 자연스럽게 받아들였다.

선시는 선사의 시(詩僧)와 문인의 시로 구분할 수 있다.

선사의 시는 선가(禪家)에서 오묘한 선지(禪旨)를 표현하기 위하여 방편상 빌려 온 것이 시의 형태였다고 본다. 즉 형식은 시에서 빌려 오고 그 내용에 선지를 담았다는(引詩寓禪) 것이다.

이러한 인시우선(引詩寓禪)적인 시는 선사가 열심히 수행해 오다가 마침내 깨달음을 얻었을 때 그 경지를 표현한 오도시(悟道詩), 선사가 중생을 제도하기 위하여 선의 세계나 진리의 세계를 시의 형식을 통해 보여주는 시법시(示法詩), 조사들의 화두(話頭, 公案)를 시로 표현하는 화두시(話頭詩)가 있다. 화두시를 송고시(頌古詩) 또는 염송시(拈頌詩)라고도 한다.

선사들의 시가 종교적인 포교 목적을 떠나 순수한 시 자체로 존재하면서도 선적(禪的) 함축성을 내포하는 시가 선기시(禪機詩)이다. 문학성이 있는 선시라고 볼 수 있다.

시인(문인)의 입장에서 선가의 오묘한 진리를 표현하기 위해 시 속에 선적인 함축을 담는 선을 원용해 오는 시(援禪入詩 : 시인의 편에서 선적 사유의 깊이를 시로 유인하는 시)는 선리시(禪理詩), 선사시(禪事詩), 선취시(禪趣詩)가 있다.

선리시는 시인의 입장에서 선가의 이치나 교리를 시로 읊는 시이다. 선사시는 선에 대한 책이나 선적인 고사, 선적 사실에 대하여 읊은 시이다. 선취시는 시에서 선을 원용하는 대표적인 경우로 선적 흥취(興趣)를 나타낸 시이다. 선의 특징이라 할 수 있는 고요함(靜慮)이 시어 속에 함축된 시로 가장 문학성과 심미성이 있을 뿐 아니라, 선시가 일반시를 능가하여 명자으로 나타낸 시가 보통 여기에 포함된다.

선시이론의 대가인 두송백(杜松栢)은 《당송시중지선취(唐宋詩中之禪趣)》에서 '선시가 성공하려면 선리(禪理)가 녹아들어 선취(禪趣)가 되어야 한다'고 하였으며, 《선학여당송시학(禪學與唐宋詩學)》에서는 '시작(詩作)에 있어 최고의 경지에 이르면 선사의 시는 선기시(禪機詩)가 되고, 시인의 입장에서는 선취시(禪趣詩)가 된다. 이는 문학적 성취가 가장 높은 선시이다'라고 하였다.

선시승(禪詩僧)으로 이름이 있는 승려는 동진(東晉)의 지둔(支遁, 314~366), 당의 왕범지(王梵志, 약 590~660), 한산(寒山, 生卒年 미상), 습득(拾得, 生卒年 미상), 교연(皎然, 720~?), 관휴(貫休, 832~912), 확암(廓庵) 등이 있고, 우리나라에는 고려 때 혜심(慧諶, 1178~1234)의 《무의자시집》은 고려 선시문학을 구축하는 지남(指南)이 되었고, 그 뒤를 이어 충지(沖止), 백운(白雲), 나옹(懶翁), 태고(太古) 등이 있다.

그리고 조선시대의 함허(涵虛), 보우(普雨), 서산(西山), 사명(四溟), 소요(逍遙), 편양(鞭羊), 청매(靑梅), 처능(處能), 초의(草衣) 그리고 한글 선시와 한시 선시를 모두 구사하였던 만해 한용운(卍海 韓龍雲), 근래 대표적인 승려 시인으로 선시집 《심우도(尋牛圖)》를 펴낸 무산(霧山) 조오현(曺五鉉) 등이 있다.

문인으로 선시를 구사했던 위진남북조 문학에 있어 동진(東晉)의 도연명(陶淵明, 365~427), 사령운(謝靈運, 385~433) 같은 운수 자연시인을 들 수도 있겠으나, 아무래도 본격적인 선시 품격이 물씬 나는 시인으로서는 당(唐)의 왕유(王維), 두보(杜甫), 백낙천(白樂天), 위응물(韋應物), 맹호연(孟浩然) 등이 있다.

송에는 소동파(蘇東坡), 구양수(歐陽修), 황정견(黃庭堅) 등이 있다. 송대(宋代)에 이르러 선종은 고도로 발전하면서 더욱 광범하게 유행했고, 사대부까지 선의 풍류가 일어나 시와 선의 관계는 더욱 가까워졌다. 선의 언어와 비유를 통해 시론을 주장한 엄우의 《창랑시화》는 그 절정을 이루었고, 선시의 명장인 소동파가 출현하게 된 것이다.

우리나라에서 문인으로 선시를 구사했던 이름 있는 시인으로서는 고려 때 이규보, 정지상과 조선시대 김시습, 허균, 홍세태 그리고 근래에 와서 미당(未堂)이나 고은(高銀) 등이 있겠고, 현대시인 가운데 정신주의 시를 부르짖으면 선시에 접근하고 있는 최승호 등이 있다.

이들 대가들은 선사상에 심취하여 품격 높은 선시를 많이 창작하였으며, 그들이 시단에 미친 영향은 지대했다.

2. 선과 시의 만남

언어의 절제와 응축, 그리고 상징을 중시하는 공통점이 시와 선에 있다. 선은 직관을 중시하고 언어를 초월하기 때문에 그 초월 언어가 상징으로 나타나면 곧 문학이 되는 것이며, 이런 경우 선승(禪僧)의 게(偈)는 시문학으로 나타나게 된다.

오도(悟道)를 목적으로 하는 불교 문학의 절정은 선시이다. 불교적 철학이나 사상을 산문으로 묘사·표현할 수도 있지만 이보다 직관적인 면에 있어서의 힘은 선시문학이 강하다고 할 수 있다.

선을 통하여 얻어지는 고요한 마음인 정심(靜心)은 물심일여(物心一如)의 경지에서 사물의 속성을 신속하게 파악하여 시화(詩化)하는 데 촉매작용을 한다. 또 선의 돈오적(頓悟的) 사유방식은 시 창작에 있어 번득이는 영감을 제공해 준다. 선 체험으로 얻어진 무한한 정신세계와 정제된 심리상태는 묘오(妙悟)와 여유, 함축 그리고 의경(意境)을 표현한다.

선어(禪語)의 상징성과 함축, 그리고 논리 구조를 초월한 선구언어(禪句言語)는 언어의 한계를 극복하고 기존 관념을 넘어 무의식 세계, 깨달음의 세계까지 정신세계를 확장하는 창조·혁명적인 언어 구조로 재조직되었다. 선이 시로써 문학이 되었고, 시가 선으로써 사상과 깊이를 더해 갖춘 지고한 격조의 시 세계를 창출하였다.

선시는 불립문자(不立文字), 교외별전(敎外別傳)으로 언어문자를 부정하는 선종의 교리나 사상을 심오하고 응축된 시어로 정제하여 보존하는데 이바지하였다.

뿐만 아니라 깨달음의 세계를 표현한 오도시나 선가에서 생명으로 삼는 선종의 법맥이 전법게(傳法偈)를 통해서 이루어졌으며, 중생을 깨달음의 길로 이끄는 시법시(示法詩) 또한 화룡점정(畵龍點睛)의 역할을 해냈다.

시는 새벽 기운처럼 맑고 깨끗한 마음과 엄정한 율격이 있기 때문에 독자의 마음을 크게 격발시키고 심성을 정화하여 교화하는 기능을 가지고 있다. 경전에도 감동하고 외우기 쉬운 운문 형식의 시적 게송(偈頌)을 통하여 핵심적인 내용을 요약하여 진수를 설하는 방식을 많이 취한다.

그러나 게송을 시라고 하지는 않는다. 게송은 범어 Gatha(伽陀)의 음역인 게(偈)와 풍송(諷誦)을 합성하여 만든 말로 간명하고 짧게 쓴 운문으로 경전에서 불설(佛說)이 설해지는 양식과 성질을 열두 가지로 분류하여 설명하는 12분교의 하나이다.

한시에는 엄격한 형식과 율법이 존재하기 때문에 선가의 시는 게송으로부터 시작하여 점차로 시의 엄정한 격률을 갖추어 가기 시작했다.

인간의 모든 문화현상은 언어문자로 기록되고 사유마저도 언어로 이루어지기 때문에 인간은 언어문자를 떠나서 살 수 없다. 선 또한 마찬가지로 소위 불리문자(不離文字)요, 인언현리(因言顯理), 의언진여(依言眞如)이다. 그러나 선가의 언어는 지극히 압축되고 고도로 상징화한 비약·역설적인 반상(反常)의 언어이다. 일언지하(一言之下) 돈망생사(頓忘生死)하고 일초직입(一超直入) 여래지(如來地)하는 촌철살인(寸鐵殺人)적 언어이다.

이러한 전형적 선시의 대부분은 사언(四言), 오언(五言), 칠언(七言)의 시 형식만 취했을 뿐 성률(聲律, 한시를 지을 때 소리의 법칙), 압운(押韻 한시를 지을 때 일정한 자리에 운자를 달아 짓는 일), 평측(平仄, 한시에서 4성의 높낮이 법칙에 관한 법식) 등을 무시하기 때문에 시문학적 우수성은 기대하기 어렵다.

시적 성취를 얻은 선시로는 사대부와의 교류를 읊은 교류시(交流詩), 차운시(次韻詩)가 있다. 자신의 오도 경계를 운수자연(雲水自然)의 풍물에 의탁하여 읊은 우음시(偶吟詩), 산거시(山居詩), 운수시(雲水詩) 등에서는 사대부가 도회에서 얻을 수 없는 묘경(妙境)과 운외지미(韻外之味)를 느낄 수 있다.

자연과의 진정한 대화를 이루려면 무심(無心)의 경지, 물아일체(物我一體)가 되어 삼매(三昧)에 다다라야만 자연의 무정설법(無情說法)을 들을 수 있는 것이 아니겠는가?

시와 선은 모두 사물을 추리나 경험에 의하지 않고 직접으로 파악하고 관찰하는 중시하여, 모두 이성적인 언어 다시 말하면 논리와 사유에 의한 이성적 논리의 사용을 좋아하지 않는다.

이성적이고 논리적인 사유나 표현은 시보다는 산문에 적합하고, 선보다는 교학(敎學: 경전을 통해 접근하는 불교)에 가깝기 때문이다.

논리적인 사유에 의한 문법적인 표현은 시로써 생명력과 긴장감을 잃게 한다.

선사들이 제자들과 문답(問答)할 때 사용하는 언어인 화두(話頭)는 활구(活句: 깨달음으로 인도하는 살아 있는 언어)로서 기상천외하여 전혀 모순된 언어로써 표출되어 긴장감과 생명력을 부여한다. 이런 점에서 시와 선은 공통점을 가지고 있다.

1

마음의 밭에 법비가 내리니 바로 깨달음의 꽃이 피네

法雨卽花生

心地含情種하니
심 지 함 정 종

法雨卽花生이네
법 우 즉 화 생

自悟花情種하니
자 오 화 정 종

菩提果自成이네
보 리 과 자 성

돈황본 육조법보단경. 혜능대사의 전법게

마음의 땅(心地)이 유정(有情)과 불성의 씨앗을 머금으니

부처님의 가르침(法雨)을 만나 곧바로 깨달음의 꽃이 피네.

스스로 꽃과 유정(有情)과 종자의 관계를 깨치니

깨달음의 열매가 저절로 성취되네.

心地邪花放하니
_{심 지 사 화 방}

五葉逐根隨이네
_{오 엽 축 근 수}

共造無明業하니
_{공 조 무 명 업}

見被業吹이네
_{견 피 업 취}

돈황본 육조법보단경, 혜능대사의 전법게

마음의 땅에 삿된 꽃이 피니

다섯 꽃잎이 뿌리를 따라서 피어나네.

함께 어리석은(무명) 행위로 업을 지으니

업(業)의 바람에 휘둘리고 있네.

心地正花放하니
심 지 정 화 방

五葉逐根隨이네
오 엽 축 근 수

共修般若慧하니
공 수 반 야 혜

當來佛菩提이네
당 래 불 보 리

돈황본 육조법보단경. 혜능대사의 전법게

마음의 땅에 바른 꽃이 피니

다섯 꽃잎이 뿌리를 따라서 피어나네.

함께 반야의 지혜를 닦으니

반드시 부처의 깨달음을 얻으리.

새로운 한자

- 地(지) : 땅. 토지
- 情(정) : 뜻(사물을 접하여 느끼는 마음). 의욕. 욕심
- 種(종) : 씨. 씨앗. 근본. 원인
- 花(화) : 꽃(초목의 꽃)
- 自(자) : 스스로. 몸소. 저절로. …부터(어조사)
- 菩提果(보리과) : 깨달음의 열매. 깨달음의 결실
- 成(성) : 이루다. 이루어지다
- 放(방) : 피다. 놓다. 석방되다. 널리 펴다
- 根(근) : 뿌리
- 共(공) : 함께. 모두
- 明(명) : 밝다. 불교에서는 지혜와 깨달음을 뜻함
- 無明業(무명업) : 진리를 모르는 어리석음으로 짓는 악업
- 被(피) : 당하다. 이불. 입다
- 吹(취) : 불다. 피리나 나팔 따위를 불다. 바람
- 般若(반야) : 지혜. 특히 반야 지혜는 공(空)의 이치를 깨달았을 때 얻어지는 지혜
- 慧(혜) : 슬기롭다. 지혜. 사리에 밝다
- 當(당) : 당면하다. 마땅히. 의당…이어야 함
- 當來(당래) : 마땅히 닥쳐올. 내세
- 含(함) : 머금다. 품다
- 雨(우) : 비. 적시다
- 生(생) : 생기다. 나다. 태어나다. 살아 있다
- 悟(오) : 깨닫다. 진리를 터득하다
- 邪(사) : 간사하다. 어긋나다. 속이다
- 逐(축) : 쫓다. 뒤를 쫓다. 추종하다
- 隨(수) : 따르다. 따라가다. 뒤를 쫓다
- 造(조) : 짓다. 만들다
- 風(풍) : 바람. 바람이 불다
- 般若慧(반야혜) : 반야지혜의 줄임말
- 來(래) : 오다. 장래
- 佛菩提(불보리) : 부처의 깨달음

해설

혜능대사의 전법게는 3수 모두 첫 구가 '마음의 땅(心地)'으로 시작하여 심지게(心地偈)라고 이름을 붙여 보았다. 또 혜능대사의 전법게는 1조 달마대사에서부터 5조 홍인대사의 전의부법송(傳衣付法頌)의 연장선상에서 이루어진 것이다. 게송의 소재와 구조가 땅(心地)에 씨앗(種)을 뿌리고 물(法雨)을 주면, 나무에 잎(五葉)이 나고 꽃(花)이 피고 열매(菩提果)가 열

리는 단순한 형식으로 되어 있다. 따라서 이 게송은 한 사람의 작품이며, 주제 또한 공통적이라는 사실을 알 수 있다. 다시 말하면 6대 조사의 전법게로서 품격에 의문을 제기할 수 있다.

혜능대사의 첫 번째 전법게는 문학적인 비유나 상징 그리고 대구나 압운 등에 하자가 없다. 이 시에 나오는 시어를 살펴보면 1구의 '심지(心地)'는 땅이 만물을 길러내듯 마음 또한 모든 것을 만들어 내기 때문에 마음을 만물을 성장시키는 땅에 비유하여 적절하다. 2구의 '법우(法雨)'는 진리의 법을 하늘에서 모든 나무에게 골고루 내리는 비를 부처님의 설법 내지는 조사의 가르침으로 비유한 것도 훌륭하다. 다른 본에서는 '보우(普雨, 골고루 평등하게 내리는 비)'로 되어 있다.

마지막 4구의 '보리과(菩提果)'는 마음의 땅(心地)에 진리의 법비(法雨)가 내리니 끝으로 저절로(自成) 깨달음의 결실인 보리과가 열리는 점충적인 묘사를 하고 있다. 5언 선시로써 훌륭하다. 2구와 4구의 생(生)과 성(成)의 압운도 절묘하다. 이 시를 의역해 보면 다음과 같다.

> 중생의 마음에 불성이 있으니
> 진리의 말씀을 들으면 곧바로 깨달음의 꽃이 피네.
> 스스로 깨달음의 꽃과 중생의 마음 그리고 불성의 종자,
> 이들의 관계를 깨치니
> 깨달음의 열매가 저절로 열리네.

혜능대사의 두 번째·세 번째 두 게송은 달마대사의 전법게에서

뜻을 취한 것이다. 달마대사의 '일화개오엽(一花開五葉)'에서 '오엽(五葉)'를 취하여 '다섯 꽃잎도 뿌리를 쫓아 따라 가네'라고 하였다. 다섯 꽃잎은 혜가·승찬·도신·홍인·혜능 등 다섯 분의 조사를 상징하고, 뿌리는 처음으로 선법을 전한 초조 달마대사를 뜻한다. 다섯 분의 조사가 달마대사의 돈오선법을 계승한다는 뜻이다.

이 게송의 뜻을 요약하면 '마음의 땅에 삿된 꽃을 피우게 하면 무명의 업과 바람을 피할 수가 없고, 마음의 땅에 바른 꽃을 피우게 하면 반야 지혜를 닦아서 당래에 부처의 깨달음을 얻는 과보를 받는다'고 읊고 있다.

2 歎白髮

백발을 한탄하다

宿昔朱顔成暮齒하여
숙 석 주 안 성 모 치

須臾白髮變垂髫일세
수 유 백 발 변 수 초

一生幾許傷心事를
일 생 기 허 상 심 사

不向空門何處銷하였을꼬
불 향 공 문 하 처 소

왕우승집전주, 전당시 1책 권128

홍안의 미소년이 늙은이 되어

어릴 적 다박머리가 순식간에 백발이 되었구나.

일생 동안 가슴 아팠던 일 그 얼마였던가

부처님께 귀의하지 않았다면 어디서 위안을 받았을꼬.

새로운 한자

- **歎**(탄) : 한탄하다. 탄식하다. 읊다. 노래하다
- **白**(백) : 희다. 흰색. 흰빛
- **髮**(발) : 머리털. 터럭
- **宿**(숙) : 묵다. 머무는 집. 별자리(수)
- **昔**(석) : 옛. 옛날. 오래 되다
- **宿昔**(숙석) : 잠깐 머무는 저녁 시간을 뜻하는 극히 짧은 시간을 이름. 곧. 잠깐 사이
- **朱**(주) : 붉다. 붉은빛. 붉은 빛깔
- **顔**(안) : 얼굴. 낯. 안면

- **朱顔**(주안) : 홍안의 젊은 시절을 이름. 얼굴빛이 붉어 젊음을 뜻함
- **暮**(모) : 저물다. 해가 질 무렵
- **暮齒**(모치) : 늘그막. 만년
- **須**(수) : 모름지기. 마땅히. 수염. 머무르다
- **臾**(유) : 잠깐
- **須臾**(수유) : 잠시. 순식간. 불교에서는 눈 깜짝할 사이와 같이 짧은 시간인 찰나(刹那)의 뜻
- **白髮**(백발) : 흰 머리털. 노인을 상징
- **變**(변) : 변하다. 달라지다. 화(化)하다
- **垂**(수) : 드리우다
- **髫**(초) : 다박머리
- **垂髫**(수초) : 옛날 어린이가 길게 늘어뜨린 다박머리. 또는 유년시절의 뜻도 있다
- **一生**(일생) : 한 평생. 살아 있는 동안
- **幾**(기) : 몇(얼마). 어찌. 기미. 김새
- **許**(허) : 허락하다. 승인하다. 약속하다
- **傷**(상) : 상처. 이지러지다
- **傷心事**(상심사) : 마음 아픈 일
- **向**(향) : 향하다
- **門**(문) : 출입문. 집안
- **空門**(공문) : 불교 집안 즉, 불문(佛門)을 뜻함
- **處**(처) : 살다. 머물다. 장소
- **銷**(소) : 녹이다. 녹다. 다하여 없어지다. 여기서는 속세의 온갖 번뇌를 녹여서 없앤다는 뜻으로 쓰인다. 해탈의 뜻

해설

인생은 무상하고, 아침 이슬과 같이 허무한 것이다. 세월이 나는 화살보다도 더 빠르다고 한다. 하룻밤 자고 나니 백발의 노인이 되는 것이 인생이다. 부처님은 《아함경》에서 인생의 무상을 마치 '칡넝쿨을 생명줄로 삼아 매달려 있는데, 흰 쥐와 검은 쥐가 나타나서 밤낮으로 번갈아가면서 갉아먹는 모습'에 비유(黑白二鼠)하였다. 결국 죽음은 시간문제이고, 그 시간은 찰나이다.

왕유의 인생도 결코 순탄하지 않았다. 어려서 아버지가 죽었다. 뿐만 아니라 32세에 사랑하는 아내와 사별하고 평생을 재혼하지 않

고 홀로 살았다.

16세의 어린 나이에 동생 왕진(王縉)과 함께 고향을 떠나 낙양에서 살면서 벼슬을 얻기 위하여 권문세도가의 집을 출입하였다. 그는 9세에 글을 지을 줄 아는 신동이었다. 《태평광기》에 보면 '약관에 문장으로 이름을 얻었고, 음률에 밝고 비파를 잘 타서 귀인들의 집에 출입하였다'고 하였다. 《신당서》에는 '왕유가 초서와 예서를 잘 썼고, 그림도 잘 그려서 이름을 떨쳤는데, 영왕(寧王, 현종의 형)과 설왕(薛王, 현종의 아우) 등이 그를 스승처럼 친구처럼 대하였다'고 기록하고 있다.

왕유는 20세(721년)에 진사 시험에 급제하여 대악승(大樂丞, 궁중의 음악을 관장하는 벼슬)에 임명되었으나 얼마 되지 않아 제주(濟州)로 좌천되어 좌설감을 맛보게 된다. 유배지 같은 제주에서 6년을 살다가 벼슬을 버리고 장안으로 돌아온다. 왕유는 의기소침해졌고, 탈속은둔을 지향하게 된다.

33세(734년)에는 장구령(張九齡)이 재상이 되자 우습유(右拾遺)에 발탁되어 조정에 복귀하나, 얼마 안 되어 장구령이 좌천되자 왕유도 양주(凉州)로 좌천된다. 이렇듯 인생의 부침(浮沈)을 거듭하면서 인생의 무상과 허무함을 뼈저리게 체득했다.

안록산의 난(755년)에는 장안에서 반란군에게 포로로 잡히어 곤혹을 치렀다. 관군이 장안과 낙양을 수복한 후에는 반란군에게 부역(附逆)했다는 죄명으로 목숨을 잃을 뻔했다. 아우 왕진이 자신의 벼슬을 깎아서 대속(代贖)하여 현종을 감동시켜서 왕유의 목숨을 구명한 것이다.

안록사의 난은 왕유에게 커다란 좌절과 죄책감을 주었다. 그 후 벼슬에 뜻을 버리고 불교에 본격적으로 귀의하여 수도 정진의 길을 간다.

 본문의 시 7언절구 '백발을 한탄한다'는 왕유의 이와 같은 인생행로에 대한 회한을 읊은 시이다.

 늙음을 상징하는 신체적 변화는 흰 머리털과 흔들리고 빠진 이빨이다. 무상한 인생을 사실적으로 실감나게 읊은 시이다. 자칫하면 염세적이고 절망적인 인생을 한탄하는 타령조가 될 것을 '일생의 상심사(傷心事)를 녹여주는 부처님의 지혜와 자비가 있었다'고 결구(結句)하여 시의 품격을 높이고 있다.

 인생은 고해(苦海)다. 그러나 부처님의 반야지혜가 있어서 피안(彼岸)에 건너갈 수가 있다. 이 시는 상처받은 인생이 불법을 만나서 위안을 받는 멋진 귀의송(歸依頌)이다. 찬불가 가사로써 손색이 없는 멋진 한 가락 한 곡조가 된다.

 인생의 무상한 시간의 흐름을 기승구(起承句)의 '宿昔(숙석)'과 '須臾(수유)' 그리고 '朱顔(주안)'과 '白髮(백발)', '成(성)'과 '變(변)', '暮齒(모치)'와 '垂髫(수초)'가 대구를 이루게 하여 홍안이 백발로 변하는 기법이 기발하다. 뜻글자인 한자를 사용하는 한시에서 이러한 함축과 상징 그리고 대구가 멋지게 이루어지는 것이다.

 '白髮變垂髫(백발변수초)'는 '垂髫變白髮(수초변백발)'의 도치(倒置)이다. 평측(平仄)과 운각(韻脚)을 맞추기 위해서이다. 이 시의 운자(韻字)인 '髫(초)'와 '銷(소)'는 모두 하평성(下平聲) 소운(蕭韻)에 속한다.

시의 생명은 운율(韻律)이다. 시가 사람을 격동시키는 것은 음악성 때문이다. 시로써 사람을 교화시키고 감동시킨 것이다. 시는 문학의 꽃으로 옛날에는 과거시험의 필수과목이었다.

왕유는 시·서·화 삼절 뿐만 아니라 비파의 명인으로 음악에도 조예가 있었다. 그가 과거에 급제하여 첫 벼슬이 궁중의 음악을 관장하는 대악승(大樂丞)이었다. 왕유는 시를 잘 지을 수 있는 모든 조건을 구족한 시인이었다.

그의 시는 부처님 '佛(불)'자 등 불교 전문용어를 사용하지 않고도 깊은 불심과 오묘한 선리(禪理)가 품어 나오는 '언외지미(言外之味)'의 시격(詩格)을 갖추고 있다.

3. 廬山煙雨浙江潮

여산의 안개비 절강의 용출하는 조수

廬山煙雨浙江潮를
여 산 연 우 절 강 조

未到千般恨不消인데
미 도 천 반 한 불 소

到得還來無別事이네
도 득 환 래 무 별 사

廬山煙雨浙江潮이다
여 산 연 우 절 강 조

소시보주, 노산연우

여산의 안개비, 절강의 용출하는 조수(潮水)

천하의 절경을 보지 못할 땐 온갖 한이 남더니만

실제로 와서 보고 나니 별 것 아닐세 그려

여산의 안개비, 절강의 용출하는 조수

새로운 한자

- **廬山(여산)** : 중국 강서성 성자현에 있는 명산. 연평균 안개 낀 날이 190일이 넘어 운무가 천하 절경이다
- **煙(연)** : 산수(山水)에 끼이는 흐릿한 기운. 연기. 연기가 끼다. 그을음
- **雨(우)** : 비

- 浙江(절강) : 중국 절강성의 성도(省都) 항주(杭州)에 있는 양자강 하류 전당강(錢塘江)을 말함
- 潮(조) : 조수. 조수가 일다. 밀물
- 浙江潮(절강조) : 절강성 항주시 전당강의 조수(潮水)
- 到(도) : 이르다
- 般(반) : 돌다. 무리. 종류. 범위(全般)
- 未到(미도) : 이르지 못하다
- 消(소) : 사라지다. 없어지다. 멸망하다
- 歸(귀) : 돌아가다. 돌아오다
- 別(별) : 다르다. 틀림. 계통. 나누다. 헤어지다
- 無別事(무별사) : 다른 일이 아니다. 같은 일이다
- 千(천) : 일천. 천 번
- 千般(천반) : 천 가지
- 恨(한) : 한하다. 원통하다
- 不消(불소) : 없어지지 않다. 남아 있다
- 到得(도득) : 가서 보다. 가서 체득하다
- 事(사) : 일

해설

'여산연우(廬山煙雨)'는 여산의 안개비와 절강성 항주시 전당강의 조수(潮水)의 풍광을 선의 수행을 통해 얻은 깨달음의 경지를 선 이론에 입각하여 읊은 완벽한 선시이며 철리시이다. '여산연우'는 여산의 아름다운 경치를 구경하고 읊은 소동파 선시의 최고 결정체이다.

소동파의 인생은 귀양살이로 고달팠다. 왕안석의 신법에 대항하여 싸우느라 목숨을 부지한 것이 천행이었다. 소동파 스스로 자신의 시에서 '그대가 평생 한 일이 무엇이냐고 묻는다면 황주이고, 혜주이고, 담주라고 하겠네'라고 했듯이 남해 고도 오랑캐 땅 해남섬을 떠돌면서 만년을 지독스럽게 살았다.

소동파가 44세에 지은 시가 조정을 비방했다고 탄핵을 받아 감옥에 갇히었다. 황주(黃州)에 안치되는 유배령을 받고 49세에 풀려나 황

주를 떠나, 여산을 유람하면서 읊은 시가 '여산연우' 등 3수이다.

소동파는 황주에서 직접 동쪽 언덕의 땅을 일구어 농사를 짓는다. 동파설당(東坡雪堂)을 짓고 스스로 동파거사(東坡居士)라고 칭하였다. 이때 그의 최고 절창인 불후의 명품 '적벽부'를 지었다.

소동파는 유배생활을 하는 가운데서도 불교 사상 특히 선 수행에 심취하여 마음의 안정을 이루어 낙천적으로 생활하여 나름대로 행복한 삶을 살려고 노력하였다. 사찰을 찾아 불법에 귀의했고 고승들과 교류하며 선 수행에 일가(一家)를 이루었다.

여산은 중국 강소성 성자현에 있는 천하 명산이다. 연평균 안개 낀 날이 190일이고, 연중 비가 내리는 날이 200여 일이다. 여산의 연우(烟雨)는 아름답기로 유명하다. 연우는 안개처럼 보이면서 이슬비보다 가늘게 보이는 비이다.

여산의 비 온 후 물안개는 몽롱(朦朧)한 미와 미리적(迷離的) 체식(體識)을 표현한 것이고, 절강(浙江)의 전당강(錢塘江)의 조수(潮水)는 천군만마와 같은 용용팽배(湧湧澎湃)한 장엄미를 표현하고 있다. 이 두 곳은 천변만화의 경관으로 전형적인 자연의 풍광이다.

절강은 중국 절강성의 성도(省都) 항주(杭州)에 있는 양자강 하류 전당강(錢塘江)을 말한다. 절강은 수나라 때 황하와 양자강을 남북으로 연결한 대운하의 마지막 종점이고, 항주는 이렇게 도시로 형성되어 발전하게 되었다. 양자강 물은 항주를 통해 바다로 흘러간다. 절강성 항주는 중국에서 가장 아름다운 도시이고, 소동파가 관리로 통관, 지주를 역임했던 곳이다. 중국 4대 호수 중 하나인 서호(西湖)에는 소동파의 동상이 세워져 있다. 절강의 조수는 강물과 바닷물이 교차하면서 바닷물이 역류하는 풍광이 웅장하고 기세가 절묘하여 세계 최고이다.

'여산연우'는 송나라 청원 유신(靑原惟信, ?~1117)선사가 자기가 수행한 선의 경지를 세 단계로 말하고 있는 '참선하기 전에는 산은 산이요 물은 물이다. 나중에 직접 선지식을 만나 공(空)의 이치를 깨치고는 산은 산이 아니고 물은 물이 아니다. 참선을 마치고 깨달음을 얻은 후에는 산을 보니 다만 산이요 물을 보니 다만 물이다'라고 한 내용을 가져다 시화(詩化)하였다. 성철스님의 종정 취임 법어로 유명했던 내용이다.

1구 '여산의 안개비, 절강의 용출하는 조수'는 아직 보지 못했을 때의 경치이다. '참선하기 전의 산은 산이고 물은 물이다'의 경지를 나타낸 것이다. 중생은 중생이고 부처는 부처이다.

그러나 4구 '여산의 안개비, 절강의 용출하는 조수'는 직접 가서 본 풍경이다. 2구와 3구 '보지 못했을 때는 온갖 한으로 남았는데 와서 보고 나니 별 것 아니네'는 깨닫고 보니 '중생은 그대로 중생이면서 부처이다'의 경지이다. 깨닫고 보면 별 것 아니다. 그러나 처음의 1구와 나중의 4구의 경계는 하늘과 땅, 중생과 부처의 차이이다.

중생과 부처의 차이가 무엇인가? 진리를 깨달아서 알면 부처이고, 모르면 무지한 중생이다. 소동파는 1구와 4구에 완전히 동일한 시구를 사용하였다. 그러나 1구의 '여산연우절강조'는 아직 체험해 보지 못한 경치이고, 4구의 '여산연우절강조'는 직접 체험해 본 경치이다. 글자는 같으나 내용이 전혀 다른 뜻이다. 이는 대가가 고도의 예술성을 나타낸 고수(高手)의 곡예(曲藝)이다.

한시 역사에서 소동파는 당나라 왕유, 이백, 두보를 능가하는 최고의 철리시를 구가하였다. 소동파는 산문, 시, 사(辭) 등 문학과 그림과 서도의 모든 분야에 높은 성과를 이룩한 천재 작가이다. 풍부한 사상과 내용과 독특한 예술 수법 및 호매(豪邁)로운 품격과 멋진 비유는 북송(北宋) 문학의 최고 성과였다. 중국 역사상 과거시험에서 최고 득점을 했던 천재이고, 시서화 그리고 음악, 음식요리, 건축, 토목 수리공사, 의학에 이르기까지 전천후적 능력의 소유자였다. 유교, 불교(선), 도교 신선술까지 모든 영역을 망라하였다.

소동파가 고려, 조선 시학에 미친 영향은 두보나 이백에 뒤지지 않는다. 소동파가 생존하고 있을 때 이미 그를 사모하여 김부식(金富軾) 형제가 소식(蘇軾)·소철(蘇轍) 형제의 명자(名字)를 따서 그들의 이름으로 삼았다. 문병(文柄)을 쥐고 있던 김부식의 소동파의 시풍은 조선 초까지 학소(學蘇)의 밑받침이 되었다.

19세기 중반 조선에서 '소동파의 열풍'이 불었다. 소동파 열풍의 진원지는 청나라 대학자이며 서도가인 옹방강(翁方綱)이다. 그는 서재 이름을 '보소당(寶蘇堂: 소동파를 보배롭게 여기는 집)'이라고 짓는 등 소동파의 시와 서도에 열광하였다.

조선 문인으로 옹방강과 최초로 만난 인물은 박제가와 추사 김정희이다. 현종 임금은 자신의 처소에 '보소당'이란 당호를 붙인 못 말리는 팬이었다.

4 月圓不逾望

달은 둥글어도 보름을 넘지 못하고

月圓不逾望이고
월 원 불 유 망

日中爲之傾이네
일 중 위 지 경

庭前栢樹子는
정 전 백 수 자

獨也四時靑이네
독 야 사 시 청

청허당집 권1. 초당영백

달은 둥글어도 보름을 넘지 못하고

해도 정오가 되면 기우느니라.

뜰 앞의 잣나무는

홀로 사시에 푸르구나.

새로운 한자

- 月圓(월원) : 달이 둥글다. 보름달
- 圓(원) : 둥글다. 원. 동그라미. 모나지 아니하다
- 逾(유) : 넘다. 넘어가다. 건너다. 지나다
- 望(망) : ① 보름. 음력 15일 ② 바라다. 원하다
- 日中(일중) : 해가 정오(正午). 중앙에 있다
- 傾(경) : 기울다. 기울이다
- 獨(독) : 홀로

- 獨也(독야) : 여기서 也는 어기(語氣)를 강화시키는 작용을 하는 감탄구에 쓰인다. 문장의 뜻에 따라 '…하자', '…하다' 등으로 해석하며, 여기서는 해석하지 않는다
- 四時(사시) : ① 봄 · 여름 · 가을 · 겨울의 사철 ② 한 달 중의 네 때. 곧, 회(晦) · 삭(朔) · 현(弦) · 망(望) ③ 하루 중의 네 때. 곧, 단(旦) · 주(晝) · 모(暮) · 야(夜)
- 四時靑(사시청) : 항항 사시사철 푸르다. 불법(佛法)은 영원히 변치 않고 잣나무처럼 살아서 작용함을 상징한다

해설

휴정의 오언절구 〈초당영백(草堂詠栢)〉은 전형적인 선시이다. 화두 공안을 소재로 읊은 송고시(頌古詩)인데, 시 속에 깃든 선지(禪旨)나 철리(哲理)가 송대(宋代)의 선시를 뛰어넘는, 격조 있고 품격을 잘 갖춘 명품이다.

이 시의 '월원불유망(月圓不逾望)'이 소식(蘇軾)의 〈수조가두(水調歌頭)〉에 나오는 '월유음청원결(月有陰晴圓缺)'에서 용사되었다.

〈초당영백〉과 〈수조가두〉를 살펴보자.

明月幾時有(명월기시유)	밝은 달을 어느 때부터 있었나
把酒問靑天(파주문청천)	술잔 들고 푸른 하늘에 물어 본다.
不知天上宮闕(부지천상궁궐)	천궁(天宮)에서는 모르리라
今夕是何年(금석시하년)	오늘 밤이 무슨 해인지.
我欲乘風歸去(아욕승풍귀거)	바람을 타고 돌아가려 해도
惟恐瓊樓玉宇(유공경루옥우)	달 속의 궁전(宮殿)은 높은 곳이라

高處不勝寒(고처불승한)	추위를 견딜 수 없으리라.
起舞弄淸影(기무롱청영)	춤을 추며 맑은 그림자 희롱한들
何似在人間(하사재인간)	어찌 인간 세상같으랴.
轉朱閣(전주각)	높은 궁궐을 빙 돌아
低綺戶(저기호)	비단 창문에 비추어
照無眠(조무면)	잠 못 이루게 하는구나.
不應有恨(불응유한)	사람에게 원한을 살 일도 없으련만
何事長向別時圓(하사장향별시원)	어찌 항상 이별할 때는 달이 둥글까.
人有悲歡離合(인유비탄리합)	사람은 기쁨과 슬픔, 이별과 만남이 있고
月有陰時圓缺(월유음시원결)	달은 밝음과 어두움, 차고 이지러짐이 있네.
此事古難全(차사고난전)	이같이 일이란 옛부터 완전한 적이 없었으니
但願人長久(단원인장구)	오래도록 인간 세상 아름답게 비추길 바랄 뿐이네.
千里共嬋娟(천리공선연)	명월(明月)아, 골고루 비추어 다오.

〈宋詞三百首, 蘇軾, 水調歌頭, p.93〉

소식의 〈수조가두〉는 명월(明月)을 예찬한 시다. 이 시에서 소식시(蘇軾詩)의 특색이라 할 수 있는 깊은 철리(哲理)를 담고 있는 시구는 '사람은 기쁨과 슬픔, 이별과 만남이 있고, 달은 밝음과 어두움, 차고 이지러짐이 있는 법'이다.

휴정은 〈초당영백〉에서 '달은 둥글어도 보름을 넘지 못하고, 해도 정오가 지나면 기우니라'의 자연 철리를 소식의 인간사의 환비이합(歡悲離合)과 달의 운행법칙인 음청원결(陰晴圓缺)에서 취의(取意)하여, 일월

(日月)의 운행 법칙을 같은 논리 형식으로 읊었다.

'정전백수자(庭前柏樹子)'의 화두는 '조주백수(趙州柏樹)'라고도 부르는데 《무문관》 37, 《종용록》 47, 《선문염송》 421에 있다.

고려 진각(眞覺)국사 혜심(慧諶)이 편찬한 《선문염송》 421에 나타난 '백수(柏樹)'의 내용은 다음과 같다.

"조주선사에게 어떤 스님이 묻되 '어떤 것이 조사(祖師)께서 서쪽에서 오신 뜻입니까?' 하니 선사가 말하되 '뜰 앞의 잣나무니라' 하였다."

'조사서래의(祖師西來意)'란 달마조사가 인도에서 중국에 오신 뜻을 묻는 말이다. 그것은 불교의 정수인 견성성불의 길을 알려주는 선법(祖師禪)을 전해주기 위함인 것은 삼척동자도 다 아는 사실이다. 그런데 조주선사는 청천벽력같은 대답으로 '정전백수자'라 했다.

뜰 앞의 잣나무가 무슨 뜻일까? 이것을 참구하는 수행법이 간화선법(看話禪法)이다.

휴정은 중국 정통 육조선(六祖禪), 임제종의 간화선(看話禪)의 계승자이다. 간화선은 '묵조선(默照禪)'과 상대적 선법으로, 화두를 통해서 선을 참구하는 선법이다.

〈초당영백〉에서 기구(起句)·승구(承句)의 '월원불유망(月圓不逾望) 일중위지경(日中爲之傾)'은 달과 해가 지고 또는 변화무상한 자연계 현상의 법칙을 설한 것이고, 전구(轉句)와 결구(結句)는 깨달음의 세계, 영원한 세계를 읊은 것이다.

조주의 '정전백수자' 화두를 타파하고 조사의 관문을 통과하면 홀로(獨也) 천하의 대장부가 되고, 시간과 공간을 초월해서 영원한 삶을 얻을 수 있는 늘 푸른 '상록수(常綠樹)'가 된다. '사시청(四時靑)'이라고 했다.

이 시에서 '月(월)'과 '日(일)' 그리고 '爲之傾(위지경)'과 '四時靑(사시청)'이 대구를 이루고 '傾(경)'과 '靑(청)'으로 압운(押韻)을 하여 한시의 율격으로나 시의 내용 속에 함축된 깊은 의미를 지니고 있다.

읽기자료

• 뜰 앞의 잣나무를 읊은 선시

서산대사의 〈초당영백〉과 김종직(金宗直)의 제자로 당시 소단의 문병(文柄)을 쥔 대제학과 영의정까지 지낸 남곤(南袞, 1471~1527)의 절창 시인 〈신광사(神光寺)〉 6수 가운데 한 수를 각각 살펴보자.

月圓不逾望(월원불유망)	달은 둥글어도 보름을 넘지 못하고
日中爲之傾(일중위지경)	해는 정오가 되면 기울기 시작하네.
庭前柏樹子(정전백수자)	뜰 앞의 잣나무는
獨也四時靑(독야사시청)	홀로 사시상청 푸르네.

〈청허당집 초당영백〉

庭前柏樹儼成行(정전백수엄성행)	뜰앞의 잣나무는 의젓이 늘어서서
朝暮蕭森影轉廊(조모소삼영전랑)	하루 종일 우뚝한 그림자가 회랑을 도네.
欲問西來祖師意(욕문서래조사의)	서쪽에서 조사가 온 뜻을 물으려 하니

北山靈籟送凄凉(북산령뢰송처량)　　　북숭산(北崇山) 신령한 바람이 서늘한 기운을 보내오네.　　　〈소화시평 신광사〉

두 시 모두 달마대사가 불교의 정수인 스스로 깨달음을 얻어 부처가 되는 선불교를 전하려 오는 '조사여래의'의 화두를 멋지게 시화한 작품이다.

〈초당영백〉은 전형적인 화두시로 선사가 시의 형식을 빌어서 선지(禪旨)의 내용을 담아낸 인시우선(引詩寓禪)이고, 〈신광사〉는 시인의 편에서 선적 사유의 깊이를 시로 유인한 원선입시(援禪入詩)의 명품이다.

서산대사는 '뜰 앞의 잣나무는 홀로 사시상청 푸르네' 하고 결구하였는데, 남곤은 '뜰 앞의 잣나무가 의젓이 늘어서서 하루 종일 우뚝한 그림자가 회랑을 도네'라고 읊어 정백(庭柏)의 무궁하고 영원한 세계를 상징적으로 표현하였다.

남곤은 '조사가 서쪽에서 온 뜻을 신령한 바람이 서늘한 기운을 보내오네' 라고 하여 조사가 온 뜻이 중생의 열뇌(熱惱)를 식혀주는 신령한 바람(靈籟). 즉, 선풍(禪風)임을 상징하고 있다. 종교적인 목적을 떠나 시 자체로서도 성공한 시로 선적인 함축성을 내포한 자연스러운 선기시(禪機詩) 중에서도 단연 돋보인다.

5 萬國都城如蟻垤

만국의 도성이 개미집이네

萬國都城如蟻垤이요
만 국 도 성 여 의 질

千秋豪傑若醯鷄이네
천 추 호 걸 약 혜 계

一窓明月淸虛枕하니
일 창 명 월 청 허 침

無限松風韻不齊이네
무 한 송 풍 운 부 제

이정구 찬 청허당휴정대사비명, 등향로봉시

만국의 도성은 개미집이요

천추의 호걸은 초파리이네.

청허의 베갯머리에 흐르는 달빛

끝없는 솔바람소리 가이 없네.

새로운 한자

- 萬國(만국) : 세상에 있는 모든 나라
- 都(도) : ① 도읍. 성(城). 나라 ② 모두. 다. 대개
- 都城(도성) : 성벽으로 둘러싸인 도시
- 蟻(의) : 개미
- 蟻垤(의질) : 개밋둑
- 垤(질) : 개밋둑
- 千秋(천추) : 긴 세월. 먼 미래. 천년

- 豪(호) : 호걸. 귀인. 신분이 높은 사람
- 豪傑(호걸) : 재덕(才德)이 뛰어난 인물. 豪는 백 명 중에 뛰어난 인물이고, 傑은 열 명 중에 뛰어난 인물이다
- 傑(걸) : 뛰어나다. 출중(出衆)하다. 뛰어난 사람
- 醯(혜) : 초. 식초
- 醯鷄(혜계) : 술·초·간장 등에 잘 덤벼드는 파리. 초파리
- 鷄(계) : 닭. 가금(家禽)
- 窓(창) : 창
- 一窓明月(일창명월) : 창으로 비치는 밝은 달
- 淸虛(청허) : 잡된 생각이 없이 마음이 맑고 깨끗함. 서산대사의 당호
- 虛(허) : 비다. 없다. 존재하지 아니하다
- 枕(침) : 베개. 베다. 베개삼아 베다
- 淸虛枕(청허침) : 청허대사의 베개. 청허한 마음으로 베개를 베다.
- 無限(무한) : 수량이나 정도에 제한이나 한계가 없는 것
- 松(송) : 소나무. 솔
- 松風(송풍) : 솔바람
- 韻(운) : 운. 음운(音韻). 한자를 그 소리 성질을 따라 분류한 것. 울림. 소리. 음향. 운자(韻字)의 준말. 소리와 음조가 비슷한 시행(詩行)의 끝 부분. 한자의 음절에서, 성모(聲母)를 제외한 부분. 또는 그것을 유별(類別)한 것. 성조(聲調)의 차이에 의해 평(平)·상(上)·거(去)·입(入)의 4성으로 나누고 다시 이것을 유병한 것임. 글을 지을 때 운자를 다는 것을 '운을 달다'고 함
- 濟(제) : 가지런하다. 같다. 갖추다. 바르다

해설

이 시는 서산대사가 임금을 초파리에 비유하고 임금이 사는 도성을 개미집에 비유했다고 무고하여 감옥에 갖힌 필화사건을 일으킨 시로 유명하다.

〈등향로봉〉은 금강산 향로봉에 올라 대장부의 기개를 읊은 시이다. 두보(杜甫)의 〈망악(望嶽)〉에 '마땅히 산꼭대기에 올라가 보아야지, 뭇 산들이 얼마나 작은가를 볼 수 있다(會當凌絕頂 一覽衆山小)'의 시구가

있다.

한유(韓愈)도 모든 산이 작은 것을 보려면 태산(泰山)에 올라가 보아야 한다고 말했다.

대붕(大鵬)의 눈으로 보면 인간세상이 작게 보이고, 어린아이의 소꿉장난으로 보일 것이다. 휴정은 세상을 구제해 보려고 승과에 응시하여 급제하였고, 승직의 최고 직위인 양종판사까지 하였다.

38세, 한창 능력을 발휘해 볼 만한 나이에 판사직을 사임하고 금강산 미륵봉 아래서 홀로 지내면서 〈금강산미륵봉우음(金剛山彌勒峰偶吟)〉 시를 함께 지었다.

조정의 관리들은 나라의 평안과 백성들을 잘 살게 하는 일에는 관심이 없고 자신들의 부귀와 안전을 위해 패거리를 지어 서로 모함하고 싸웠다. 불교 부흥에 대한 좌절과 패배의식으로 휴정은 깊은 산사로 몸을 숨겼다.

천하 명산 금강산에서 한가하게 어제의 일들을 생각하니 허망하고 부질없는 일임을 새삼 깨달았다.

동서고금에 어떤 시인이 임금이 계신 도성을 개미집같고, 천추의 영웅호걸을 초파리와 같다고 시로 읊은 일이 있는가. 이것이 불씨가 되어 역모에 무고되어 선조임금의 국문을 받게 되었다.

서애(西涯) 유성룡(柳成龍, 1542~1607)은 휴정의 시가 훌륭하다고 평하면서 〈등향로봉〉 시를 다음과 같이 소개하였다.

'요즘의 승려들 가운데 휴정이라는 사람이 있는데 선가의 학문을 매우 깊게 알므로 승려들 가운데서도 이름이 났다. 또한 시를 좋아하며, 스스로 청허자(淸虛子)라고 불렀다. 일찍이 향산(香山)에 있으면서 다음의 절구(絶句, 등향로봉)를 지었다.… 사물세계 밖으로 높이 뛰어 올라가서 티끌 세상(塵世)을 내려다 보는 뜻이 있으므로, 또한 한때 뜻에 맞았던 작품이다'

서애는 시의 뜻을 이렇게 논하였다. '나는 시에는 능하지 않지만 대략 시의 뜻은 안다. 대개 시는 맑으며 멀고도 깊음으로써 말 밖에 다 뜻을 부치는 것을 귀하게 여긴다. 그렇지 않으면 겨우 진부한 말이 될 뿐이다' 서애는 시평만 잘 한 것이 아니라, 그의 시가 힘이 있어서 세상에 그와 견줄 만한 사람이 없다고 평가받았다. 같은 시대에 활동했던 대가인 서애의 〈등향로봉〉 시평은 휴정의 시에 대한 선조임금의 마음을 바꿔놓게 되었고, 오히려 묵죽시(墨竹詩)를 하사하게 된 것이다.

1589년 정여립 사건에 휴정이 연루되었을 때 서애 유성룡은 대제학, 대사헌을 거쳐 병조판서·지중추부사·예조와 이조판서에 있다가 1590년 우의정이 되었으니, 휴정의 〈등향로봉〉 시에 대한 선조임금의 하문이었음을 짐작할 수 있다.

〈등향로봉〉 시는 함련(頷聯)과 미련(尾聯)으로 이루어진 칠언절구로 운(韻)도 잘 맞고, 대장(對仗)도 이루고 있는 당시(唐詩)에 비견해도 손색이 없는 명품이다.

'萬國(만국)'과 '千秋(천추)'는 공간과 시간을 나타내며 대구를 이루고, '都城(도성)'과 '豪傑(호걸)'은 공간적 환경과 그곳에 사는 사람의 뜻으로 대구를 이루고, '如蟻垤(여의질)'과 '若醯鷄(약초계)'도 대구를 이루고 있다. '鷄(계)'와 '齊(제)'로 압운하였다.

 '청허침(淸虛枕)'의 '청허(淸虛)'는 휴정의 자호(自號)이다. 바람 소리는 길게 불기도 하고, 짧게 불기도 한다. 가락이 같지 않다. 세상과 자연의 이치를 솔바람 소리로 깨달을 수 있음을 상징하여 읊고 있다.

보충자료

• **서산대사의 시 〈금강산미륵봉우음(金剛山彌勒峯偶吟)〉**

坐斷諸人不斷頂(좌단제인부단정)	만인(萬人)이 못 끊는 분별심을 앉아서 끊으니
許多生滅竟安歸(허다생멸경안귀)	하고 많은 생멸(生滅)이 마침내 어디로 갔는가.
飛塵鏁隙安禪久(비진쇄극안선구)	참선(參禪)이 익으니 나는 티끌이 틈을 막았고
碧草連階出院稀(벽초련계출원희)	외출이 드무니 푸른 풀이 층계까지 이어졌네.
天地豈能籠大用(천지기능롱대용)	천지가 어찌 대용(大用)을 가두겠는가
鬼神無處覓玄機(귀신무처멱현기)	귀신(鬼神)도 현기(玄機)를 찾을 곳이 없네.
誰知一衲千瘡裏(수지일납천창리)	뉘라서 알 거요, 헤진 누더기 속에
三足金烏半夜飛(삼족금오반야비)	세 발의 금까마귀가 밤중에 나는 줄을

〈청허당집 권1, 금강산미륵봉우음〉

 〈금강산미륵봉우음〉 시는 시운(詩韻), 대구, 대장(對仗), 점대(點對) 등 시의 율격을 엄격히 갖추고서도, 내용 또한 깊은 선지를 함축하고, 가슴속에 해를 머금은 웅건한 기운이 잘 드러난 대단히 훌륭한 시이다.

'출가 사문이 헤진 누더기 옷 속에 붉은 해를 한밤중에 품고 다닌다(誰知一衲千瘡裏 三足金烏半夜飛)'는 대단한 도력과 호방한 기상을 나타낸다. 해가 임금으로 비유되어 임금을 마음대로 좌지우지할 수 있다는 뜻이 되어 역모에 연루되어 시화(詩禍)을 당하게 된 시다.

6. 不是一番寒徹骨

한 번 눈서리 찬 기운 뼛속까지 사무친 뒤에야

迥脫塵勞事非常이니
형 탈 진 로 사 비 상

緊把繩頭做一場하라
긴 파 승 두 주 일 장

不是一番寒徹骨해야
불 시 일 번 한 철 골

爭得梅花撲鼻香이네
쟁 득 매 화 박 비 향

고문집

번뇌를 벗어나는 일이 예삿일이 아니니
밧줄 단단이 잡고 한바탕 힘을 써서 사나운 소 코 꿰어 길들이듯 하라.
한 번 눈서리 찬 기운 뼛속까지 사무친 뒤에야
코를 찌르는 매화꽃 짙은 향기를 얻을 수 있으니라.

새로운 한자

- 塵(진) : 티끌. 먼지
- 勞(로) : ① 일하다. 노력하다 ② 근심하다. 괴로워하다. 어려움
- 塵勞(진로) : 번뇌. 마음을 피곤하게 하는 티끌   • 迥(형) : ① 빛나다 ② 멀다. 멀리
- 脫(탈) : 벗다. 옷을 벗다. 나오다

- 迥脫(형탈) : 형연독탈(迥然獨脫)의 줄임말. 벗어나다
- 非常(비상) : ① 보통이 아니다 ② 뜻밖의 긴급 사태
- 常(상) : ① 항상. 늘 ② 보통. 보통의 정도
- 緊(긴) : ① 굳게 얽다. 굳게 감다 ② 단단하다. 굳다
- 把(파) : ① 잡다. 한 손으로 쥐다 ② 자루. 손잡이 ③ 묶음. 다발
- 繩(승) : 줄. 새끼. 고삐. 노끈
- 頭(두) : 머리. 인체의 목 윗부분. 꼭대기
- 做(주) : 作의 통자. 짓다. 만들다
- 一番(일번) : 한 번
- 寒(한) : 차다. 차갑다. 춥다. 차다. 추위
- 徹(철) : ① 통하다. 막힘 없이 트이다. 뚫다 ② 환하다. 밝다
- 寒徹骨(한철골) : 찬 기운이 뼛속까지 사무치다
- 爭得(쟁득) : 다투어서 얻다. 힘들게 얻다
- 梅花(매화) : 매실나무. 매화꽃
- 撲(박) : ① 때리다. 두드리다 ② 가지다. 소유하다
- 鼻(비) : 코
- 香(향) : 향기
- 撲鼻香(박비향) : 향기가 코를 찌른다

해설

고진감래(苦盡甘來)라는 말처럼 무슨 일이든 고생한 다음에 성공이 온다. 깨달음을 목표로 하는 불교 수행자는 관문을 뚫기 위해서 있는 힘을 다해야 한다.

끈질긴 생명력과 황토색 포근함으로 시골 언덕길에 피어난 황국화 같은 40~50대 여인도 마찬가지다. 그녀 또한 젊은 날에 가슴 조이던 파란만장한 풍파를 헤치고 천신만고 끝에 거기에 서 있는 것이다. 마치 고통 속에서 헤매던 중생이 수행을 통해 번뇌를 털어내고 마침내 깨달음을 얻어 부처가 되어가는 모습이다.

영산홍이 봄에 곱게 피어나기 위해서는 겨울에 차가운 바람과 혹독한 추위를 견뎌야 하듯이, 우리의 인생도 온몸을 던져서 그 일에 매달리고 투철하게 싸워서 극복해 내야만 한다. 휘몰아치는 오늘의 시련과 곤란의 찬바람이 내일의 향기와 기쁨을 보답한다.

 수행자의 피나는 수행 과정을 매화에 비겨 읊은 칠언절구 시이다. 작자는 황벽(黃檗)선사인데 당나라 때 황벽 희운(黃檗希運)인지 청나라 때 황벽 융기(隆琦)인지는 분명하지 않다.

7

흰 구름 걷히면 청산인 것을

白雲斷處有靑山

是是非非都不關하고

시 시 비 비 도 불 관

山山水水任自閑하라

산 산 수 수 임 자 한

莫問西天安養國이랴

막 문 서 천 안 양 국

白雲斷處有靑山이네

백 운 단 처 유 청 산

선종고련

옳거나 그르거니 내 몰라라

산이건 물이건 그대로 두라.

하필이면 서쪽에만 극락세계랴

흰 구름 걷히면 청산인 것을.

새로운 한자

- 是是非非(시시비비) : 옳은 것은 옳고 그른 것은 그르다고 함. 사리를 공정하게 판단하는 일
- 關(관) : ① 관계하다. 참여하다 ② 빗장. 닫다. 잠그다. 관문
- 山山水水(산산수수) : 산이건 물이건. 산과 물
- 任(임) : ① 마음대로, 멋대로 ② 맡기다. 주다. 맡을 일. 책무(責務). 책임을 맡다

- **任自**(임자) : <u>스스로에게 맡기다</u>
- **自閑**(자한) : <u>스스로 한가하다</u>
- **莫**(막) : ① 없다(부정·금지의 조사). …하지 말라 ② 저물다. 해질 무렵. 저녁(※'모'라고 발음)
- **西天**(서천) : 서쪽 하늘. '서천 서역국'의 준말. 인도의 옛 칭호
- **養**(양) : 기르다. 성장시키다. 품어 기르다. 양육
- **安養國**(안양국) : 안양정토(安養淨土). 아미타불의 정토인 극락의 다른 이름
- **白雲**(백운) : 흰 구름. 여기서는 번뇌를 상징
- **斷**(단) : ① 없애다. 근절시키다 ② 끊다. 그만두다
- **斷處**(단처) : 끊어진 곳
- **靑山**(청산) : 풀·나무가 무성한 푸른 산. 이상세계를 상징

해설

이 선시를 법정스님은 다음과 같이 번역하여 자신의 좌우명으로 삼았다. 또한 속가의 외조카이며 출가의 조카상좌인 현장스님에게 생전에 붓으로 휘호하여 준 전법게와 같은 시이다.

천하에 명역이다. 원문보다 더 좋은 번역이다.

>   산이건 물이건 그대로 두라
>   하필이면 서쪽에만 극락세계랴
>   흰 구름 걷히면 청산인 것을

기구 '옳거나 그르거니 내몰라라'는 是是非非(시시비비)의 양변을 초월한 중도(中道)의 깨달음이다. 승구 '산이건 물이건 그대로 두라'는 자

연사상과 생명사랑, 환경보존사상이 아주 쉽게 나타나 있다.

전구 '하필이면 서쪽에만 극락세계랴'는 《무량수경》에 나오는 서방 극락정토를 부정하고, 선종 선사들이 부르짖는 유심정토(唯心淨土) 사상을 나타낸 것이다.

생각이라는 것이 지난날 훈습과 집착에 의해서 작동이 되기 때문에 공(空)의 이치를 터득하여 집착을 버려야 가능한 것이다. 스님은 그 집착 가운데 소유의 집착, 물질에 대한 탐욕과 집착을 버리라고 가르치셨고, 당신의 삶을 통해서 온전히 무소유의 가르침을 실천해 보이고, 부처는 이제 방금 우리 곁을 떠나 본래 자신의 자리인 자연으로 온전히 돌아간 것이다.

만해 한용운 스님은 오도송에서 '남아 대장부는 머무는 곳이 바로 고향인 것을(男兒到處是故鄕)'이라 하였다.

'옛 스승 임제선사는 말한다. 언제 어디서나 모든 것을 긍정적으로 생각하라. 그러면 그가 서 있는 자리마다 향기로운 꽃이 피어나리라' 정토가 따로 있는 것이 아니라 내 마음이 아름다우면 온 세상이 정토라는 뜻이다.

결구 '흰구름 걷히면 청산인 것을'은 마음의 번뇌 망상이 모두 사라지면 그대로가 부처님나라가 되고 스스로 부처가 된다는 뜻이다. '靑山(청산)'은 피안(彼岸)을 상징하는 말이다. 선시와 오도송에서 전형적으로 인용되는 시구이다.

김형중(金衡中, 법명은 法海, 호는 一平)

동국대학교 불교학과를 졸업하고 동대학원에서 한문교육을 전공하였으며, 중국 연변대학교에서 〈선시문학 연구〉로 문학박사학위를 받았다.
전국교법사단장, 동대부중 교감, 교육인적자원부 서울시교육청 교과서 심의위원, 동방대학원대학교 불교문예학과 객원교수를 역임하였다.
현재 동국대학교 사범대학 부속여자중학교 교장, 청정국토만들기운동본부 상임부회장, 한국문인협회 회원(문학·미술평론가), 동국대학교 경영전문대학원 강의교수, 불교교육연합회 상임 부회장, 대한불교조계종 초중고 개편교과서 연구위원회 부위원장, 대한불교조계종 포교원 인성교육 계발인증위원회 위원으로 있다.
현재 법보신문에서 '내가 사랑한 불교시'라는 제목으로 평론을 4년째 연재중이다.
저서로 《깨달음으로 이끄는 대장경 속 한마디》, 《불교, 교과서 밖으로 나가다》, 《시로 읽는 서산대사》, 《석가모니 생애와 가르침》, 《휴정의 선시 연구》, 《한용운의 선시 연구》, 《불교를 찾아가는 길》, 《대자유인 선사》, 《한글세대를 위한 한자공부》 등이, 공동저서로 《한글세대를 위한 시사한자》, 《청소년 불교성전》, 《중고등학교 생활과 철학 교과서》, 《중고등학교 종교(불교) 교과서》, 《불교와 환경보전》, 《불교 내비게이션》, 《물뱀이 마시면 독, 소가 마시면 우유》 등이 있다.

왕초보 한문 박사 되다

초판 1쇄 발행	2012년 10월 17일
초판 2쇄 발행	2018년 1월 17일
지은이	김형중
펴낸이	윤재승
주간	사기순
기획편집팀	사기순, 최윤영
영업관리팀	김세정
펴낸곳	민족사
출판등록	1980년 5월 9일 제1-149호
주소	서울 종로구 삼봉로 81 두산위브파빌리온 1131호
전화	02-732-2403, 2404
팩스	02-739-7565
홈페이지	www.minjoksa.org
페이스북	www.facebook.com/minjoksa
이메일	minjoksabook@naver.com

ⓒ 김형중, 2012. Printed in Seoul, Korea

ISBN 978-89-7009-463-2 03220

★이 책 내용의 전부 또는 일부를 재사용하려면 반드시
  저자와 출판사의 서면 동의를 받아야 합니다.
★책값은 뒤표지에 있습니다. 잘못된 책은 바꿔 드립니다.